红色广东丛书

广东中央苏区

梅江革命简史

中共广东省委党史研究室
中共梅州市委党史研究室
中共梅江区委党史研究室

编著

SPM
南方出版传媒
广东人民出版社
·广州·

图书在版编目（CIP）数据

广东中央苏区梅江革命简史 / 中共广东省委党史研究室，中共梅州市委党史研究室，中共梅江区委党史研究室编著. —广州：广东人民出版社，2021.6

（红色广东丛书）

ISBN 978-7-218-15016-1

Ⅰ . ①广… Ⅱ . ①中…②中…③中… Ⅲ . ①中央苏区—革命史—梅州 Ⅳ . ① K269.4

中国版本图书馆 CIP 数据核字（2021）第 097624 号

GUANGDONG ZHONGYANG SUQU MEIJIANG GEMING JIANSHI

广东中央苏区梅江革命简史

中共广东省委党史研究室
中共梅州市委党史研究室 编著
中共梅江区委党史研究室

出 版 人：肖风华

责任编辑：沈海龙　王智欣
封面设计：河马设计　李卓琪
责任技编：吴彦斌　周星奎
排版制作：广州市广知园教育科技有限公司

出版发行：广东人民出版社
地　　址：广州市海珠区新港西路 204 号 2 号楼（邮政编码：510300）
电　　话：（020）85716809（总编室）
传　　真：（020）85716872
网　　址：http://www.gdpph.com
印　　刷：广东鹏腾宇文化创新有限公司
开　　本：787 mm × 1092 mm　1/16
印　　张：10　　　　　字　数：104 千
版　　次：2021 年 6 月第 1 版
印　　次：2021 年 6 月第 1 次印刷
定　　价：38.00 元

如发现印装质量问题，影响阅读，请与出版社（020 — 85716849）联系调换。
售书热线：（020）85716826

《红色广东丛书》编委会

主　编：陈建文

副主编：崔朝阳　李　斌　杨建伟　谭君铁

编　委：（以姓氏笔画为序）

王　涛　刘子健　肖风华　沈成飞

陈　飞　陈春华　林盛根　易　立

钟永宁　徐东华　郭松延　黄振位

曾庆榴　谢　涛　谢石南

《广东中央苏区革命简史》编委会

主　　任：陈春华

副主任：刘　敏　邓文庆

编　　委：姚意军　张启良

《广东中央苏区梅江革命简史》编辑部

主　　编：江文秀

副主编：曾君玲

总　序

百年征程波澜壮阔，百年大党风华正茂。习近平总书记在党史学习教育动员大会上指出："我们党的一百年，是矢志践行初心使命的一百年，是筚路蓝缕奠基立业的一百年，是创造辉煌开辟未来的一百年。"翻开风云激荡的百年党史，一代又一代中国共产党人，用鲜血和生命浸染了党旗国旗的鲜亮红色，书写了可歌可泣的历史篇章，铸就了彪炳史册的丰功伟绩。一百年来，党的红色薪火代代相传，革命精神历久弥坚，红色基因已深深根植于共产党人的血脉之中，成为我们党坚守初心、永葆本色的生命密码。

广东是一片红色的热土，不仅是近代民主革命的策源地，也是国内最早传播马克思主义、最早成立共产党早期组织的省份之一。在新民主主义革命的漫长历程中，广东党组织在中共中央的领导下，发动、组织和领导广东人民开展了一系列广泛而深远的革命斗争。1921年，广东党组织成立后，积极开展工人运动、青年运动，并点燃农民运动星火。

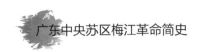

第一、二、三次全国劳动大会连续在广州召开，全国工人运动的领导机关——中华全国总工会在广州诞生。中国社会主义青年团第一次全国代表大会在广州召开，促进了全国团组织的建立、发展。在"农民运动大王"彭湃领导下，农潮突起海陆丰影响全国。

1923年，中共中央机关一度迁至广州，中国共产党第三次全国代表大会在广州召开，推动形成了第一次国共合作，建立了国民革命联合战线，掀起了大革命的洪流。随后，在共产党人的建议下，黄埔军校在广州创办，周恩来等共产党人为军校的政治工作和政治教育作出了重要贡献，中国共产党也从黄埔军校开始探索从事军事活动。在共产党人的提议下，农民运动讲习所在广州开办，先后由彭湃、阮啸仙、毛泽东等共产党人主持，红色火种迅速播撒全国。1925年，广州和香港爆发省港大罢工，声援五卅运动，成为大革命高潮时期一个十分引人注目的重要斗争。1926年，在统一广东革命根据地后，国民革命军在广州誓师北伐，以共产党员为骨干的北伐先锋叶挺独立团所向披靡，铸就了铁军威名。在北伐战争胜利推进的同时，广东共产党组织和党领导的革命队伍迅速扩大和发展，全省工农群众运动也随之进入高潮。

1927年"四一二"反革命政变以后，广东共产党组织在全国较早打响反抗国民党反动派血腥屠杀的枪声，广州起义与南昌起义、秋收起义一起，成为中国共产党独立领导中国革命、创建人民军队的伟大开端。随后，广东党组织积极探索推进工农武装割据，在海陆丰建立第一个县级苏维埃政权，并率先开展土地革命，开启了中国共产党领导人民进行的最重大的社会变革。与此同时，广东中央苏区逐步创建和发展起来，为中国革命的发展作出了不可磨灭的贡献。1931年，连接上海中共中央机关与中央苏区的中央红色交通线开辟，交通线主干道穿越汕头、大埔，成功转移了一大批党的重要领导，传送了重要文件和物资，成为土地革命战争时期党的红色血脉。1934年，中央红军开始了举世瞩目的长征，广东是中央红军从中央苏区腹地实施战略转移后进入的第一个省份，中央红军在粤北转战21天，打开了继续前进的通道，成功走向最后的胜利。留守红军在赣粤边、闽粤边和琼崖地区进行了艰苦卓绝的游击战争，高举红旗永不倒。

抗战全面爆发后，中共中央和中共中央长江局、南方局十分重视和加强对广东党组织的领导，选派了张文彬等大批干部到广东工作。日军侵入广东以后，广东党组织奋起领导广东人民开展敌后抗日游击战争，成立了东江纵队、琼崖纵队、珠江纵队、广东人民抗日解放军、南路人民抗日解放军和韩江纵队等抗日武装，转战南粤辽阔大地，战斗足迹遍及70多个县市。华南敌后战场成为全国三大敌后抗日战场之一，党领导的广东人民抗日武装被誉为华南抗战的中流砥柱。香港沦陷以后，在中共中央的领导和周恩来等人的精心策划安排下，广东党组织冲破日军控制封锁，成功开展文化名人秘密大营救，将800多名被困香港的文化名人、爱国民

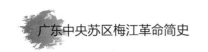

主人士及家眷、国际友人等平安护送到大后方，书写了抗战史上的光辉一页。

解放战争时期，在中共中央的领导下，华南地区大力开展武装斗争，开辟出以广东为中心的七大块游击根据地，成立了中国人民解放军琼崖纵队、粤赣湘边纵队、闽粤赣边纵队、桂滇黔边纵队、粤中纵队、粤桂边纵队和粤桂湘边纵队等人民武装，其中仅广东武装部队就达到8万多人，相继解放了广东大部分农村，在全省1/3地区建立起人民政权，为广东和华南的解放创造了有利条件。在广东党组织的配合下，人民解放军南下大军发起解放广东之役，胜利的旗帜很快插遍祖国南疆。

革命烽火路，红星照南粤。广东见证了中国共产党从新生到大革命、土地革命，再到抗日战争、解放战争等革命斗争全过程。其间，毛泽东、周恩来、刘少奇、朱德、邓小平、叶剑英、彭德怀、刘伯承、贺龙、陈毅、聂荣臻、徐向前、李富春、粟裕、陈赓等老一辈革命家和李大钊、蔡和森、瞿秋白、陈延年、彭湃、叶挺、杨殷、邓发、张太雷、苏兆征、杨匏安、罗登贤、邓中夏、恽代英、萧楚女、阮啸仙、张文彬、左权、刘志丹、赵尚志等一大批革命先烈都在广东战斗过，千千万万广东优秀儿女也在革命斗争中抛头颅、洒热血，留下了光照千秋的革命历史和革命精神。广东这片红色热土，老区苏区遍布全省，大大小小的革命遗址分布各地，留下了宝贵而丰厚的红色文化历史遗产。

习近平总书记强调，中国革命历史是最好的营养剂。重温这部伟大历史能够受到党的初心使命、性质宗旨、理想信念的生动教育，必须铭记光辉历史、传承红色基因。我们有责任把党领导广东人民进行革命斗争的光辉历史和伟大功绩研究深、挖掘透、展示好，全面呈现广东红色文化历史，更好地以史铸魂、教育后人，让全省人民在缅怀英烈、铭记历史中汲取砥砺奋进的强大力量，让人们深刻认识红色政权来之不易，新中国来之不易，中国特色社会主义来之不易，确保红色江山的旗帜永远高高飘扬。

为充分挖掘广东红色文化资源的丰富内涵，我们组织省内党史、党校、社科、高校等专家学者，集智聚力分批次编写《红色广东丛书》。丛书按照点面结合、时空结合、雅俗结合原则，分为总论、人物、事件、地区、教育五个版块。总论版块图书，主要综述中国共产党在广东的革命斗争历史概况，人物版块图书主要讴歌广东红色人物，事件版块图书主要论说党领导广东人民开展革命斗争的历史事件，地区版块图书从地市和历史专题角度梳理广东地域红色文化，教育版块图书着力打造面向青少年及党员的红色主题教材。丛书以相关的文物、文献、档案、史料为依据，对近些年来广东红色文化资源研究成果做了一次全面系统梳理，我们希望这套丛书能为党史学习教育、革命传统教育、爱国主义教育提供重要内容支撑。

一切向前走，都不能忘记走过的路，走得再远、走到再光辉的未来，也不能忘记走过的过去，不能忘记为什么出发。站在"两个一百年"的历史交汇点上，我们要更加坚定自觉地学史明理、学史增信、学史崇德、学史力行，赓续红色血脉，传承红色基因，以一往无前的奋斗姿态、风雨无阻的精神状态，推动广东在全面建设社会主义现代化国家新征程中走在全国前列、创造新的辉煌。

《红色广东丛书》编委会

2021 年 6 月

隆发米店——中共潮梅特委、梅县工委交通联络点旧址

新生印刷厂——中共闽西南潮梅特委、中共南方工委地下联络站旧址

罗衣塔——东征军战斗旧址、独三大队战斗旧址

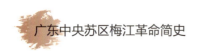

八角亭——梅县第一个中共支部（中共梅县支部）成立旧址

华庐——中共梅县部委机关
驻地旧址

东较场——东征时期周恩来
演讲旧址

黄唐宗祠——中共梅县县委临时办事处旧址（唐润元烈士故居）

梅州学宫——红四军攻占梅城时的军部驻地、朱德演讲地旧址（内景）

十甲尾——红四军
攻打梅城集结地街道图

中华路、新庙前——红四军反攻梅城首战地

盘龙桥——红四军梅城战役城东阻击战地点

富版堂——朱德留宿地旧址

1930 年中共梅县县委机关、县苏维埃政府旧址群（位于西阳镇新田村湖洋里）

黎屋京兆堂——中共梅城市委（区委）机关旧址

体仁居——中共闽西南潮梅特委书记方方办公旧址

鹿湖顶田屋——中共丰梅县
委机关旧址（中共梅兴丰华边县委
机关驻地旧址）

喜庐——梅城和平解放谈判
地旧址

长沙革命烈士纪念园

西阳白宫革命烈士纪念碑

梅县地区学生抗日爱国运动纪念亭

（中共梅江区委党史研究室供图）

目 录

前 言

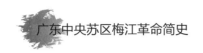

前　言

　　梅江区所辖区域为原梅县县城（简称梅城）和城郊部分，历来是梅州地区、闽粤赣边区革命斗争活动的中心，更是新民主主义革命各个时期的风口浪尖地带和前沿阵地。在梅江区所辖区域内，发生过许多波澜壮阔、血火硝烟的重大革命事件。

　　1925 年 3 月、11 月，东征军两次来梅，梅城工人、学生首先掀起了反帝、反封建军阀统治的斗争浪潮。1925 年 12 月中共梅县支部在梅城诞生。1927 年组织了震惊整个广东的梅城"五一二"工人武装暴动，成立了梅县历史上第一个人民政权——梅县人民政府。1929 年，含梅江的梅县成立苏维埃政府，组织工农武装队伍开展武装斗争，开辟了九龙嶂、明山嶂革命根据地。1929 年 10 月底红四军出击梅城后，加速了各区乡苏维埃政权、赤卫队和模范赤卫队的建立，掀起了轰轰烈烈的打土豪、分田地的土地革命运动，为创建粤东北苏区，实现闽粤赣中央苏区连成一片作出了重要贡献。即使在革命低潮时期，梅江人民在党组织的领导下，仍坚持隐蔽战斗，高举红旗，为苏区革命根据地的建立打下良好基础，为全党探索中国革命的道路作出了积极的贡献。

　　在全民族抗日战争时期，梅江的党组积极发动城乡广大群众、学生，成立各种抗日救亡团体，以演戏、办夜校、传唱客家山歌

等多种形式开展抗日救亡宣传,投身抗日救亡运动,支援抗日前线,奏响了全民抗日的铮铮号角,为抗日战争的胜利作出积极贡献;解放战争时期,为戳穿国民党蒋介石发动内战的阴谋,梅江的党组织积极发动群众,开辟革命据点,建立游击根据地,组建边县政府和武装队伍,开展反对内战、反"围剿"斗争。各乡村建立农会和民兵组织,配合粤东支队主动出击,开展反"围剿"、反"十字扫荡"的斗争,粉碎了国民党的"清剿"计划,以革命的武装推翻反革命的国民党武装。同时,着力做好统一战线工作,策动国民党军队起义、投诚。1949年5月17日,梅城实现和平解放。接着取得抗击胡琏残部窜扰的胜利,保卫了新生政权。

《广东中央苏区梅江革命简史》再现了新民主主义革命时期梅江区辖内血与火的革命斗争。周恩来、朱德、陈毅、罗荣桓、叶剑英等老一辈无产阶级革命家在这片热土上留下了革命足迹。梅江区人民在原梅县地方党组织的直接领导下,浴血奋战、前仆后继,172名革命烈士献出了宝贵的生命。

梅江区的革命斗争历史告诉我们,没有共产党就没有新中国,没有革命先辈们的英勇奋斗和流血牺牲,便没有我们今天的幸福生活。我们要不忘初心、牢记使命,传承好红色基因,弘扬好红色文化,为实现"诗画梅江、文明客都"的美好蓝图,为决胜全面建成小康社会,实现社会主义现代化和中华民族的伟大复兴而不懈奋斗!

第一章
在大革命浪潮的影响下

第一节　新思想在梅江的传播及其影响

一、历史沿革

梅江区位于广东省东北部，梅江河中游，梅州市中部。东临梅县区雁洋镇和大埔县银江镇，南与丰顺县和梅县区梅南镇交界，西连梅县区程江镇和大坪镇，北接梅县区石扇镇和城东镇。是梅州市政治、经济、文化、交通中心。区域总面积570.61平方千米。

梅江区辖区由原梅县城区和城郊部分组成。梅县之名始于民国元年（1912年），废除州府制改称梅县。1949年5月梅县解放，在设置新政区时，县城仍称梅城，政区则称城内区，城内区在1978年改称梅州市。1983年6月，梅县和梅州市合并，称梅州市，同年9月改称梅县市。

1988年1月，广东实行市管县体制，梅县地区改设地级梅州市。3月，原梅县市建制撤销，原梅县市的行政区分设梅县和梅江区。梅江区由原梅县市城区5个办事处（金山、东山、黄塘、五洲、江南）和城郊5个乡镇（城北、东郊、西郊乡和长沙、三角镇）组建而成，为梅州市直辖县级区，区政府所在地在梅城江北仲元东路51号。

2002年7月，所辖办事处和乡镇合并调整为金山、西郊、江南3个街道和长沙、三角、城北3个镇。

2012年9月23日，梅县区西阳镇划归梅州市梅江区管辖。调整后，梅州市梅江区辖长沙、三角、城北、西阳4个镇和西郊、金山、江南3个街道办事处。

二、新文化运动在梅城的开展

梅江区原本以农业为主体的自给自足的自然经济，在1840年鸦片战争以后受到严重破坏。在帝国主义和封建主义的残酷掠夺和剥削下，广大人民陷于苦难的深渊之中。据调查，这一时期，85%以上的农民没有土地，完全要靠佃耕或租种公偿和地主的土地过活，受地租和高利贷剥削。这时期的地租和高利贷是历代封建社会以来最严重的，一般田租是租六佃四（租主占六成，佃户占四成），高利贷是借一担还三担，三四月份粮荒借粮一担，夏收还粮三担。此外，苛捐杂税繁多。光绪末年清政府在嘉应州城乡实施的财政税收便有10大类817项，其中属国税269项，地方税61项，非税款性质的487项。农民除上缴朝廷的正税外，还

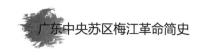
要负担许多地方征收的苛捐杂税。加上光绪三十年至三十二年（1904—1906年）连年遭灾，光绪三十二年（1906年）又流行鼠疫，人民生活极度贫困，纷纷出走南洋，有的甚至被当作出"猪仔"卖，据记载统计，从光绪二十三年（1897年）至光绪三十三年（1907年）10年间，含梅江的梅县便有3000人先后被迫当作"猪仔"卖到南洋当"契约华工"。

其次，光绪末年至宣统年间，清廷在梅设知州、同知、吏目、学正、训导等职，掌全州之政，开始派驻军队。驻防官兵主要是巡防营一营，三四百人，拥有较新的英制九响毛瑟枪100多支，分驻嘉应州城和州属四县。州城守署设游击官一员，率绿营官兵上百人，各乡堡则有官府与豪绅设立的民团（即团练）武装，各县设保安（团防）总局，用于维持治安和镇压人民反抗。

此时，正是帝国主义加紧侵略中国时期。一些帝国主义国家如德国、美国、法国、瑞士，借口传教，联络地方的封建士绅，在各地建立基督教堂和天主教堂，大办教会学校。利用宗教进行文化侵略，利用说教和讲授《圣经》，对人民进行奴化教育，麻醉人民。

随着帝国主义侵略加剧，封建捐税越发沉重，特别是清政府实行维新的政治措施，发布"变法"上谕，各地官吏借新政之名，大肆搜刮民财，从州至县各乡各保，无官不贪，无吏不污。政府无力制止各地大小官吏的营私舞弊行为，一些土豪劣绅更依靠官府势力，横行乡里，肆无忌惮，政治黑暗已达顶点，社会矛盾异常尖锐。因而梅州地区各阶层人民都要求推翻清政府的腐朽统治，许多有识之士从 1900 年起都纷纷响应和参加孙中山领导的旨在推翻清朝、建立民主共和政体的资产阶级民主革命，有的还加入同盟会。1911 年 10 月 10 日，武昌起义成功。经革命党人的努力，嘉应州也于 11 月 12 日顺利和平光复。

梅州光复后，成立了州议会，选举卢耕甫为州长，将清朝命名的嘉应州改称梅州，但光复未出一个月，革命党人内部就发生矛盾，至次年 2 月便发生"五甫"（卢耕甫、邓硕甫、邓华甫、曾勇甫、周辉甫）闹梅州事件，梅州社会又处于动荡之中。梅州光复虽然没有成功，但它宣传了民主共和的思想，并使其从此流传广远，使人们在精神上获得空前的解放，为新文化运动的发展和 1919 年五四运动的发生，准备了条件，奠定了思想基础。

1914 年第一次世界大战爆发后，中国民族资本主义迅速发展，要求打破封建主义的束缚，先进的知识分子痛心于以袁世凯为首的北洋军阀统治下中国的黑暗混乱，要求中国改革和进步，于是掀起了代表中国人民新觉醒的新文化运动。

新文化运动的内容，在五四运动前主要是提倡民主、提倡科学、提倡新文化。五四运动后主要是宣传俄国十月革命，宣传马克思主义，并日益和政治斗争结合，推动着马克思主义与中国工人运动结合，为中国共产党的建立奠定了思想基础和组织基础。

随着全国各地的新文化运动兴起，各地大力宣传新思想、新文化，纷纷办新学，编印出版新书，提倡新道德，反对旧道德，

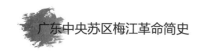

提倡新文学，反对旧文学。许多有识之士更是废除私塾扩办初级小学。于是，从民国初年开始，从城市到乡村都掀起了办学热潮，不但男孩子普遍读书，也鼓励女孩子读书，学生人数突增。学制也进行改革，初等小学由五年改为四年，高等小学由四年改为三年。废除读经，一律采用"共和国教材"上课，初等小学有修身、国文、算术、手工、图画、唱歌、体操 7 科；高等小学除初小的7 科外，增加本国历史、本国地理（包括本县本乡土地理）、博物、理化、农业、商业和英语，其中农业、商业、英语可自由选择。后来，教育部曾下达《国民学校令》，把小学作为实施义务教育的国民学校，恢复尊孔读经，但受到各校的抵制和反对，除少数公立小学实行外，所有私立小学和大多数公立小学都未照办，不少学校甚至连校名也未更动。

五四运动后，梅城各中小学师生中掀起了宣传俄国十月革命和马克思主义的热潮。师生们传阅学习《新青年》《每周评论》和《新潮》等新文化的报刊，成立学生自治会，积极协助学校推行民主主义文化教育，提倡新文化，推广白话文。如：1916 年春，梅州中学掀起学生反高压反官僚、罢课上省的请愿活动。1919 年秋，县立第一高等小学校长杨捷，积极向学生宣传革命思想，每周安排学习《新青年》一次，要求学生背熟陈独秀的《敬告青年》一文，国文老师庄劲民等还给学生介绍俄国十月革命胜利和五四运动的情况。1920 年，县立第一高等小学将陈独秀的《敬告青年》和李大钊的《庶民的胜利》《我的马克思主义观》油印作为各年级的补充教材，该校学生自治会负责人之一朱云卿，以出版学校黑板报的形式，大力宣传新思想、新文化。1921 年 5 月，老师庄劲民编印出版了《梅县县立第一高等小学校第五、七两届秋季学生文选》，书中除陈独秀的《敬告青年》《我这爱国主义》外，还有 34 篇宣传民主、宣传科学及宣传新文学的文章；广益中学学生朱仰能发表《改良祭祀之我见》一文，认为"须有一个彻底的觉悟"。1924 年 3 月，广益中学爆发了反对帝国主义文化侵略的斗争学潮，全校学生在高年级学生谢北岳、朱仰能、徐锡康、张英灵等领导下，掀起了反对帝国主义文化侵略的"广益风潮"。虽由于军阀统治和教会背后强大的黑暗势力，斗争失败，200 多名学生被开除，但是，觉醒的学生并没有被吓倒，他们得到了社会各界进步人士及爱国华侨的支持，自发创办了一间学校，取名为学艺中学。1924 年冬，学艺中学的《互助》半月刊曾刊登该校学生刘锦清的文章，该文章对当年 10 月广州商团武装叛乱事件进行了有力的抨击。次年 4 月，东征军黄埔军校政治部工作人员洪剑雄到该校看见这篇文章后深为敬服。1925 年，梅县学生界演出独幕话剧《蟹》，讽刺当时军阀的横暴统治。12 月，梅州中学图书馆购入《学生杂志》《东方杂志》《妇女杂志》《少年中国》《教育杂志》《学衡》《科学》《理化杂志》《心理杂志》等进步杂志。广益中学《广益声》第四、五期合刊刊登学生张英麟的文章《从近世纪新思潮中诞生之妇女运动实现中国后对于梅县知识阶层妇女应讨论之方针》及谢和宗的文章《我对于现在梅县女子界的批评》，

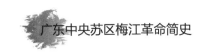

该刊还刊登译作《霉菌论》《日用化学》等文章，宣传科学知识；同年，梅城的肩一小学首先提倡剪发运动，仅一次动员，全校师生便响应，乃至全城风行剪发。同年，肩一小学先后发生两次该校女生抗婚的事件，均得到全县支持。

新文化运动的蓬勃发展，激发了广大青年对国家民族命运的关心和追求真理的热情，为党的创建奠定了思想基础，并促进了学生运动的发展，促进了初具共产主义思想的知识分子与工农结合，造就了一批革命人才，为党的创建奠定了组织基础。

三、五四运动的影响与社会主义思想的传播

五四运动前，含梅江的原梅县城区及乡村已有进步的教师和青年学生，开展反对袁世凯签订卖国的"二十一条"的宣传活动，激发各地教师和学生的爱国热情。

1919年上半年，在巴黎召开战后的和平会议。中国代表在会上提出废除外国在中国的势力范围、撤退外国在中国的军队等七项希望和取消"二十一条"及换文的陈述书，遭到拒绝。会议通过了将德国在山东的一切特权转让给日本的无理条款，而北京政府代表居然准备在和约上签字。消息传到国内，激起了各阶层人民的强烈愤怒和抗议。5月4日，北京学生爆发五四爱国运动。

消息很快传到梅城，为声援和支持北京等地学生的爱国运动，省立梅州中学和私立东山中学两校首先行动，召集城内的广益中学、乐育中学、县立师范、县立女子师范等校的学生代表，在梅州中学举行演讲会，报告北京五四运动的情形。

5月14日，岭东学生联合会在汕头成立。接着，梅城即成立了以梅州中学、乐育中学为骨干的岭东学生联合会梅县支会及以东山中学、广益中学为骨干的梅县学生联合会，并发动各区立小学配合开展爱国运动。5月17日，梅城学生自发起来冒雨上街举行示威游行。游行队伍中有人化装成章宗祥、陆宗舆、曹汝霖三个卖国贼，头戴高帽，胸挂黑牌。参加者个个手持三角彩色旗，高呼反对"二十一条"，惩办曹、陆、章卖国贼，打倒军阀，抵制日货，誓死收回青岛等口号。群众看了这三人的丑恶形象也跟着高呼口号不止。东山中学、梅州中学等学校的学生会还组织各圩镇籍的学生回乡宣传，每逢圩期便前去化装宣传。如西阳高等小学在梅县学联指导下也成立了西阳镇学生联合会，团结和召集各校学生把运动引向深入。首先，他们上街向群众宣传演讲五四运动，揭露日本侵占山东的阴谋，公开号召城乡各界人民不要用日货，抵制日货。高年级的同学每日轮流上街查缉日货，得到进步商人店员的支持，他们自觉配合，热情地协助学生进行查封抵制日货活动，效果好，影响很大，使爱国运动显得更加有锐气。

暑假期间，梅县学生联合会、岭东学生联合会梅县支会及各校学生自治会，组织师生到城乡演出各种白话剧，内容多是启发群众爱国思想的，如《焚曹击章》《亡国恨》话剧，系叙述朝鲜半岛被日本侵并的惨痛，当剧中人对话说到沉痛之时，观众感同身受，以至泪下。有的话剧是以揭露曹、章、陆等卖国贼丑恶面目为题材的，痛斥他们卖国的无耻行径，使观众深恨他们。也有以自由恋爱与积极劳动生产、工作和反对封建婚姻为题材的。

这场以学生为主体的、以宣传五四运动为内容的斗争活动，持续了三四年，直到1922年。这期间每年的"五四""五七"都分别召开"纪念会""雪耻会""报告会"，使五四运动的影响波及城乡的每一个角落，深深烙印在人民心里。

五四运动的深入开展，进一步推动了新文化运动的传播和开展。当时国内具有社会主义和民主主义思想的报刊书籍如《社会主义史》《阶级斗争》《唯物主义史观》《新青年》《新潮》《晨报》《建设》《民国日报》附刊、《孙文学说》等，通过外出到北京、上海、广州、汕头等地读书的青年学生传到梅城各圩镇，成为进步教师和青年学生的喜爱读物。有些进步教师不但自己经常阅读，还推荐或指导学生阅读，从而这些进步读物吸引了广大青年学生。五四运动的激励、进步书刊理论的教育，使一部分外出求学的青年学生如叶浩秀、杨广存、杨雪如等，很快就先后参加了社会主义青年团和中国共产党组织，并为家乡的革命事业积极奔走，成为中共梅县地方党组织早期主要领导人之一。还有相当一部分年轻教师和进步青年则在五四运动后阅读了许多宣传民主主义、社会主义思想刊物，提高了思想觉悟，为后来国民革命军和中国共产党在梅县地方开展活动准备了条件。如梅城下市杨桃墩的杨雪如，在1921年到上海大学半工半读时，阅读了大批宣传马克思主义的进步书刊，积极参与反帝爱国运动，同年加入中国共产党，其间，杨雪如利用书信与梅县的同学朋友联系，宣传革命与进步思想。三角镇的青年熊锐在1922年后加入旅欧中国少年共产党和中共旅欧支部，并在中共旅欧支部工作了一段时间。三角镇的叶浩秀，1924年在广州加入共产主义青年团，积极参与当时国民革命反帝反封建斗争，成为中坚分子。西郊马石青年学生杨广存，1923年在北京大学加入中国共产党，并担任北京进步报刊《晨报》副刊编辑，宣传鼓励发动群众起来革命，他还经常写信、寄送进步书刊给家乡的亲属、朋友，引导他们走上革命道路，后受到反动军阀的通缉，离开北京回到家乡梅城，继续从事革命活动。此外，还涌现出如朱云卿、黄桓泰等早期参加革命的梅江青年。

四、西阳三溪农民协会的成立及农民运动

五四爱国运动和社会主义思想的直接传播，虽然起初还只限于青年教师和学生的范围，但它唤醒了含梅江区的梅县人民。国共合作的形成，推动了农民运动的开展。

1922年8月，农民运动先驱彭湃率先在其家乡海丰县发动建

立农会，开展农民运动。这一伟大行动震动了黑暗的旧中国，尤其震动了广东与海陆丰毗邻的潮梅山区。1923年七八月间，为把农运推进到邻近的边远山区，彭湃亲自与林苏、蓝陈润等一起长途跋涉经紫金、龙川、五华、梅县、丰顺、大埔到潮安，历时两三个月。途中经丰梅边的西阳镇溪田村三凸（突）至马图作短暂（七八天）停留，调查了农民的问题，宣传组织农会和妇女解放协会的重要意义。彭湃走后不久，这些沿路乡村如丰顺县马图村便成立了马图村农会。1923年秋，马图村农会派饶伯荣等到西阳镇三凸（突）村开展活动。经过一段时间的宣传发动，三凸（突）村17户贫苦农民全都报名入会，接着又发展至邻近的泥溪、杞树坪、上下中坑、银窟，同年冬成立了西阳三溪农民协会，会长黄惠云，农会会员有一百多人。

西阳三溪农民协会是梅县地区最早的农会组织之一，为后来土地革命时期的农运斗争起到了先导作用。

第二节　东征军两次来梅与梅江地方党组织的建立

一、国民革命军首次东征，粤军二师
在罗衣圩和金鸡岭的战斗

1924 年 1 月，孙中山在广州召开了中国国民党第一次全国代表大会，在中国共产党的帮助下，大会正式决定了"联俄、联共、扶助农工"三大政策，一些共产党员担任了国民党中央领导机关的工作，以国共两党合作为基础的国民革命联合战线正式成立。

1925 年 1 月，正当孙中山北上入京商讨国事之机，盘踞粤东惠、潮、梅一带的反动军阀陈炯明，得到英帝国主义和段祺瑞政府的支持，自封为"粤军"总司令，在汕头召开军事会议，勾结滇桂军阀及江西方本仁部，兵分三路进犯广州，企图推翻革命政权。广州大元帅大本营为了打破陈炯明的反动企图，巩固广东革命根据地，在中共广东区委的帮助下，发出动员令讨伐陈炯明，于 1925 年 2 月开始了首次东征。东征军以黄埔军校的师生为骨

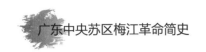

干，分左中右三路开进，向惠、潮、梅进剿陈炯明叛军。右路军是东征军的主力，由蒋介石、周恩来、张民达、叶剑英等人领导的黄埔陆军军官学校两个教导团及粤军第二师第一、三、七旅组成。粤军第二师由张民达、叶剑英率领作为东征先头部队，2月2日从广州黄埔出发，一路所向披靡。东征军占领了海陆丰、潮汕之后，鉴于杨希闵、刘震寰暗中与陈炯明相勾结，假出师真叛变。因此，在取得了棉湖战役的重大胜利之后，周恩来率教导团经河婆抵五华安流、里江，北进兴梅地区，追歼陈炯明叛军。粤军第二师则在张民达、叶剑英指挥下，从潮安出发，经丰顺留隍，袭击了叛军洪兆麟部，于3月20日清早，越过铜鼓嶂千米以上的多重山峰，直插梅江区长沙镇。3月21日，在梅江区长沙镇罗衣塔边，与陈炯明部约一个营的守军交战，全歼固守梅城南面之敌。

同时，东征右路联军蒋介石自率部集中兴宁后，即以警卫军全部共4团，留守兴宁城，粤军第一旅陈铭枢部及教导团第二团取道兴宁石马、进抵梅县南口。3月23日，两路大军挺进梅城，梅城守敌张鸿翔、黄伟等部及县长李杜麟闻讯后，无心恋战，略一接触，即弃城而遁，分两路溃逃，一路经蕉岭松口，一路向梅埔丰交界地段明山嶂一带逃窜。张民达、叶剑英指挥的第二师先攻入梅城南门，陈铭枢部继至，顺利占领了梅城。

随后张民达率第二师复由梅县之西北上，追敌至平远大柘。叶剑英则指挥粤军二师直属队追剿陈炯明部残匪，从梅城出发，追至西阳明山嶂下古道，遇叛军机枪阵地被阻，西阳明山嶂板盖坑当地赤卫队队员李育粦、李干粦、李玉粦等主动带路引导叶剑英部绕到银顶山金鸡岭，居高临下打垮了叛军，消灭陈炯明军李云复残部。

4月，奉广州国民革命政府之命，张民达、叶剑英率第二师直属队留守梅县，张民达任梅州绥靖署办，叶剑英为梅县县长。至4月24日，陈炯明叛军，或被歼灭，或被驱逐出广东省境，国民革命军取得了第一次东征的胜利。

二、东征时周恩来在梅城的活动

国民革命军第一次东征时，周恩来率教导团经河婆，进抵五华安流、里江，北进兴梅地区，追歼陈炯明叛军。于1925年3月24日，率东征军教导一团进驻梅城，参加在梅城举行的东征胜利酒会，廖仲恺、蒋介石、加仑将军（苏联顾问）以及驻梅粤军和黄埔军校连以上军官200多人一同出席。26日，周恩来率教导一团回驻兴城，在兴宁驻扎了18天。

4月12日，周恩来率东征右翼部队、黄埔军校校本部政治工作人员又从兴宁坐船来到梅城，早前抵梅的黄埔军校教导一团团长何应钦、二团团长钱大钧在梅城南门八角亭迎接，驻在梅城黄家祠简成庐(今梅江区法院所在地)。13日，周恩来到学艺中学(今

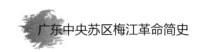

东较场背）视察，学生军政治部黄锦辉、洪剑雄（共产党员）陪同，时任校长李度旷、教导主任钟贯鲁率教职员工和学生热烈欢迎。周恩来经过了解和洪剑雄介绍，感受到梅县学界新鲜而浓烈的革命风气，为之感动，激动地说："学艺中学是全东江最革命的学校，我当年在南开也就是这样啊！"接着，周恩来以国民革命为题，在学艺中学露天礼堂向学校师生员工们发表演讲，介绍当前国民革命东征的形势，鼓励大家为革命教书、读书。洪剑雄则抓住机遇在学艺、广益中学成立和发展新学生社组织。14日，周恩来与政治部的李之龙、洪剑雄等分别到东山中学和梅州中学进行演讲，专门讲了三民主义革命与学生参加革命的关系问题，指导学生开展学习新三民主义，号召学生们要积极参加革命活动。15日上午，东征军在梅城东较场召开梅县各界民众参加的庆祝大会，1000多群众冒雨参加，周恩来代表东征军作大会演讲。会后，周恩来又到东较场侧的学艺中学考察，现场解决了学校教学经费问题。15日下午，周恩来率政治部工作人员在钟家祠主持召开了梅城各校学生骨干代表座谈会，学艺、东山、梅州、广益及师范等学校20多位学生代表参会，周恩来号召全梅学生真正团结起来，推动梅县革命运动不断向前发展。16日，周恩来前往潮汕，与蒋介石共商筹办潮州军校。

4月25日，周恩来由汕头乘船抵梅。4月26日，周恩来应邀出席了"梅县第九届商会欢迎东征军祝捷大会"，发表了热情洋溢的讲话，并接受了梅县商会为东征军募捐的1万光洋，与梅县商会代表一起合影。其时，依附广东革命政府的广西军阀刘震寰和云南军阀杨希闵在广州叛变，东征军即回师广州讨伐，周恩来也于 5 月 19 日，率部回师广州平乱。

三、在梅城建立的梅县中共地方党团组织

就在东征军回师广州讨伐刘震寰、杨希闵时，窜入江西、福建的陈炯明叛军 1 万多人，乘机卷土重来，占据东江潮梅地区。为彻底消灭陈炯明叛军，东征军在平定刘震寰、杨希闵叛乱后，即进行第二次东征，蒋介石为总指挥，周恩来为总政治部主任，率国民革命军 3 个纵队。第三纵队队长程潜率兵力 6000 人，于 10 月 5 日出发，由龙门向河源进击，清除五华、兴宁、梅县、大埔之敌，11 月 3 日进抵梅城，敌驻军及县长何经诒闻风逃遁，胜利占领了梅城。11 月 11 日，东征军总政治部主任周恩来委任江董琴代理梅县县长并接任视事。至 11 月 14 日，取得第二次东征的全面胜利。两次东征的胜利，打倒了陈炯明军阀势力的反动统治，扫除了政治障碍，加强了国共合作，推动了群众革命运动的发展。

1925 年 3 月第一次东征军到达梅城后，在周恩来的领导下，东征军、黄埔学生军和政治工作人员大力推动和宣传三民主义、

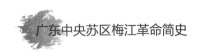
国共合作、反帝反封、打倒列强、打倒军阀、外抗强权的运动，风起云涌。

第一次东征后，梅城组织了理发工会。第二次东征后，组织了缝衣、建筑、金银、印刷、织布、邮电、搬运、民船、旅业、履业等16个行业工会，1925年冬在东征军第十一师政治部帮助下，建立了梅县工会筹备会，于1926年春成立了梅县总工会，工会会员发展到2000多人。在学运方面，1925年5月，广益中学两次爆发学潮。随后梅县师范学校开展罢课斗争，并成立了革新社。6月，梅城学界上万人在东较场举行声援上海"五卅"惨案大会。会后举行示威游行，并散发传单。7月，东山中学学生陈劲军（陈启昌）、萧啸安、胡明轩等组织成立了学生救国运动团。至同年秋冬，梅县进步学生力量进一步扩大。为使学生力量团结统一，决定成立梅县革命青年团，陈劲军为主任，提出以宣传社会主义、收回教育权为革命青年团的斗争任务。

早在首次东征出发前，国民党中央执行委员会（又称中央党部）委任周恩来为东江各属党务组织主任。周恩来利用这一有利机会，一方面指挥党部工作人员负责各县改组或组建国民党地方党部，同时指派国民党左派人士担任各县县长，使国民党（左派）地方党务工作得到发展。另一方面先后委派政治部工作人员洪剑雄（中共党员）等为梅县特派员，组织开展政治宣传，做好调查地方党务情况，从中选择培养对象，发展党团员，建立中共党团组织。1925年12月8日，国民党广东省党部特派员詹展育在洪剑雄的协助下，在梅城成立国民党梅县县党部，罗四维为常务执委，李世安为组织部部长，温卓峰为宣传部部长，侯昌龄为妇女部部长，肖人风为工商部部长，王之伦为监委常务，陈劲军为工人部干事，李仁华为青年部干事，此时全县有国民党员 2000 余人。国民党梅县县党部实际上是以共产党员、共青团员和国民党左派为基本成分的国共联合机构（李世安、罗四维、温卓峰均为共产党员，侯昌龄为共青团员）。

1925 年 10 月，中共广东区委委派广东大学学生、共产党员张维，以新学生社特派员的公开身份，到梅县开展工作，任务首先是建立梅县新学生社，进而建立地方中共党、团组织。张维被聘任为东山中学英语教师，同时兼学艺中学数学教师。第二次东征队伍抵驻梅城后，党组织指示驻梅的国民革命军第十四师政治部主任洪剑雄，负责以梅城为中心的东江、兴梅一带民众运动，抓紧培养对象，发展党团组织。在洪剑雄所率政工人员的宣传下，张维在梅城南门八角亭成立了以东山中学学生陈劲军、学艺中学学生李仁华、省立五中学校（梅州中学）学生凌少忠、女子师范学校学生蓝柏章，以及乐育、广益、梅县县立师范等校的代表为委员的新学生社梅县分社，为建立党组织做好前期准备。

新学生社梅县分社的社员们积极开展活动，发动青年学生订阅中共中央机关刊物《向导》和新学生社的《新学生》等进步书刊，发展社员，扩大组织。在此基础上，1925 年 12 月，张维、洪剑雄在梅城南门八角亭新学生社办事处共同介绍了陈劲军、李仁华作为第一批加入中国共产党的党员。当天晚上在梅县公署洪剑雄处召开会议，参加会议的党员有 7 人，随即建立了中共梅县支部，张维为书记，陈劲军为组织委员，李仁华为宣传委员。会议决定了今后近期的首要四点任务：（1）迅速发展和扩大组织，在国民党县党部、县政府和工会、学生、妇女等组织中发展党员，在各党、政、群团中建立党的核心。（2）限期成立梅县总工会；（3）开展学生运动，成立统一的梅县学生联合会。（4）以女子师范学校为重点，积极开展妇女运动。梅县支部隶属于中共潮梅特委（后改称汕头地委），成为粤东北地区建立党组织较早的区域之一。其早期活动地点多在梅城南门外八角亭。

1926 年 6 月，区委决定梅县党、团分别成立组织，按照《中共广东区委关于两校（校：指党和团组织）年龄分化问题的决定》中的"二十岁以下入中学（按：共青团），二十至二十三岁兼大学（按：共产党），二十三岁以上完全归大学"的要求，依照年龄和所负责的工作，划分党、团员。夏季，成立了共产主义青年团梅县特别支部，陈劲军为书记，杨新元为组织委员，李仁华为宣传委员。

第三节 发展壮大革命组织，反击国民党右派

一、梅江区乡党、团组织迅速发展

含梅江区的梅县中共党、团组织建立以后，革命活动在党的统一领导下迅速开展，有力地推动了全县工农群众运动的发展，开创了革命新局面。

至1925年底，中共梅县支部首先吸收了蓝胜青、刘裕光、胡明轩、古柏、杨维玉、杨新元等十多名党员。

1925年12月19日，广东妇女解放协会梅县分会在梅城成立，主席李雾仙（凌莎），执委蓝柏章、黄玉兰、熊婉仙、侯昭新等。协会编印出版会刊《梅县妇女》，并开办平民夜校，同时在松口、丙村、西阳等地设立办事处。接着，含梅江区的梅县各区镇各行业工会也开始普遍建立。

在农村，农会组织也得到充分发展，但党的基层组织建设跟不上形势发展，这时，上级指示："若是党不发展，不能领导农

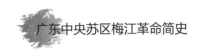

民群众，即不能尽他的使命，故现在在理论及实践两方面，在农村都有发展党的必要。""要把党的基础建筑在乡农民协会上面"，"可以规定应吸收的同志（党员）的人数。"并且在指示中明确提出具体办法："在会议中可以吸收同志"。为发展农村革命形势，共青团梅县特别支部指示教育局和总工会中党的同志，利用暑假，一方面通过教育局总工会组织中小学教师训练班和举办工人夜校，吸收发展党、团员；另一方面则利用暑假学生回乡的机会，把梅城学生中的党、团员按籍贯组成各区乡镇的临时地方党、团组织（支部或小组），到各区乡开展党、团发展工作。如梅县教育局在梅城举办"小学教师训练班"，并成立了"全梅小学教师联合会"。在此时期，县城及城郊等地的党团和群众组织工作都进展很快，党、团员迅速增加，党员多为教师、工人，而团员多为学生。如西阳白宫几乎每间学校都有不少党员或团员，成为梅县早期党、团组织发展较好的地方之一。

中共梅县支部机关成立不久，便从八角亭迁到东门塘针咀巷侯屋"华庐"。1926年4月，中共梅县支部经广东区委批准，升格为中共梅县特别支部，由广东区委直接领导。至1926年夏，在全县党员已发展至80多人，党特支书记张维，组织委员陈劲军（后吴健民），宣传委员贺遵道（后杨广存）；团特支书记陈劲军，组织委员杨燊元，宣传委员李仁华，党、团特别支部隶属广东党、团区委领导，下辖梅县（含梅江区）、兴宁、平远、蕉岭、寻乌（赣南）、武平（闽西）等县党、团组织。随着各行业党、团组织发展壮大，1927年1月，中共梅县特支撤销，成立中共梅县部委。部委负责领导兴梅各县（除大埔、丰顺县）以及江西寻乌、福建武平党的工作，广东区委派刘标骉任书记，组织部部长张维，宣传部部长吴健民（后杨广存）。

二、组织武装暴动，反击国民党右派

经过两次东征和南征，广东境内的地方军阀得以肃清。广西梧州会议后，又初步实现了两广的统一。

从1926年7月，北伐战争在"打倒列强，除军阀"的雄壮口号声中开始后，中共汕头地委和中共梅县特别支部都把支援北伐战争当作一项重要任务。当时驻梅县的国民革命军第十四师被列为北伐东路军之一部，8月，从梅县经大埔出师福建。中共梅县特别支部按上级指示成立北伐青年工作团，北伐青年工作团由原梅县总工会和东山中学、学艺中学学生组成，分四路随军配合北伐军政治部开展宣传。并抽调青年男女党、团员参军参战，直至1927年四一二反革命政变发生，部队被迫改编，政治部被解散后才返回。

1926年10月，北伐取得胜利。这期间，以共产党人为骨干的国民革命军经过两次东征和北伐，革命势力迅猛发展，从而震惊了国民党右派，他们千方百计窃取革命的成果，企图将共产党的力量从革命中赶出去。他们先是制造了"中山舰事件"，后提出"整理党务决议案"等系列分裂活动。中共汕头地委和梅县部委根据广东区委"三三〇"公开信的精神，结合本地实际情况，组织了反击国民党右派的斗争，如1927年夏发动的梅城"五一二"工人武装暴动及西阳白宫工农武装暴动。

1927年春，随着革命形势的变化，梅城国民党右派从开始限制革命活动到反革命，气氛逐渐紧张。3月，中共梅县部委接到广东区委的紧急通知，大意是：局势日紧，暂停信电来往，必要时区委自会派人联系，但必须做好独立作战的思想准备。不久团地委也接到团区委通知，大意是：省城天气不稳定，忽寒忽热，希望保重，家中诸事可交大哥（指党组织）去办，你自己不要再出面搞了。4月12日，蒋介石在上海发动反革命政变。几天后即波及广州、汕头等地。梅县右派势力侯标庆、李秋谷等亦蠢蠢欲动，一再催促县长温明卿下令逮捕共产党人。孙文主义学会、建筑工会、女权运动同盟等右派组织亦四处张贴反共标语，梅县总工会、梅县学生联合会、梅县妇女解放协会等革命团体立即组织张贴标语，散发传单，进行针锋相对的斗争，一时标语覆盖全城。

其时，中共梅县部委与团地委召开联席会议，研究应变措施。决定将部委和团地委联合改组成"武装斗争委员会"（以下简称"斗委"），领导所属各地立即准备武装暴动，以反击国民党右派进攻，保存和发展革命力量。"斗委"书记刘标舞，武装组织部部长陈劲军，政治宣传部部长张维，委员李仁华、卢其新、古柏、杨雪如等。关于梅县境内的武装暴动，会议决定：除梅城以工人力量为主进行暴动外，在松口丙村、西阳和石坑亦同时以工会或农会为骨干举行暴动。会后，即将总工会原工人纠察队扩充为2个大队，每个大队120人，以黄柏为正指挥，朱舍我、黄龙为副指挥，积极抓紧军事训练，并发动捐资捐枪，自造枪弹、大刀。在西阳、白宫也成立1支由各工会负责人和骨干群众20多人组成的工农纠察队。

5月1日，在"斗委"的组织下，梅城及丙村、西阳、南口、大坪、白渡等地工人、农民、学生2000余人在梅城集会，声讨蒋介石新军阀，拥护武汉政府。与会者均腰缠红带，颈系红巾，手持刀棒枪械，会后游行示威，高呼口号。此后，县内小规模的示威时有发生。

5月12日，在"斗委"的指挥下，工人纠察队由胡明轩、黄龙广、朱舍我等带领，在梅城东门塘集合，乘梅县保安警察大队、县警队、县政府人员集中吃晚饭时突袭，首先智取了县保安队，继而向县政府、警察局、县党部、电话局等处同时发起进攻。由于袭击突然，布置周密，人多势众，敌人来不及抵抗便都缴了枪。县长温明卿慌乱逃离，工人纠察队兵不血刃便取得暴动成功。13日，由县总工会主持，召集梅县各界人士在东较场集会，庆祝暴动成功。旋即又在县公署召开各界代表大会，成立梅县人民政府委员会，公推周静渊为主席，林一青、李铁民、朱仰能（3人均为共产党员）、钟贯鲁为委员，并布告安民。17 日，"斗委"接五华党组织送来情报：驻惠州反动军队宋世科团已从五华岐岭启程由水路来梅。为保存革命力量，"斗委"决定，各机关、群团、学校向梅北石扇一带疏散隐蔽。

5 月 13 日，西阳工人、农民、学生在西阳党支部李碧等人领导下和梅城部分工人纠察队配合下，也举行了声势浩大的武装暴动，一举占领了国民党西阳区署和警察所。14 日，白宫镇举行暴动，参加暴动的工人、农民、学生在李安发、李铨发的率领下，也占领了白宫分署和白宫警察所。暴动共缴获警察所十二三支长枪。两镇暴动成功后，中共西阳支部立即与各界进步人士商议成立了"西阳白宫各届治安维护委员会"，以工人纠察队为主体，由李碧、李安发担任正、副主任。两镇工人纠察队分班日夜巡逻，每天圩镇附近小学的教师学生都有组织地手持三角红旗进行游行示威，高呼革命口号，张贴标语，向群众宣传揭露蒋介石国民党右派背叛革命实行独裁、破坏三大政策、破坏国民革命的罪行。这期间，两镇商贸照常营业，圩市依常进行，社会治安秩序良好。不久，反动军队派兵反扑，国民党梅县警卫大队一个中队重驻西阳、白宫。国民党区署和警察所重新恢复。党、团员只好分散各乡村隐蔽，转入地下斗争。

第二章
高擎土地革命旗帜

第一节　建立工农革命军，开展武装斗争

一、策应南昌起义军及组织工农革命军

梅城"五一二"工人武装暴动后，中共梅县部委在与中共广东区委失去联系的情况下，审时度势做出决定：一方面派出代表前往武汉，向中共中央联系请示；另一方面指挥暴动队伍，分散转入山区活动。

北上武汉找中共中央汇报情况的陈启昌、古柏、杨雪如见到两广招待委员会书记彭湃，得到指示：立即回兴梅工作，组织武装，迎接南昌起义部队南下，重新建立革命根据地。

陈劲军回兴梅后到兴宁兴凤寺联系蓝胜青、刘光夏、卢惊涛、潘英等，传达中央指示精神，组织武装成立兴宁农军，团部设在兴凤寺，由刘光夏任团长，蓝胜青为党代表，卢惊涛为参谋长，潘英为军需。陈启昌、古柏、杨雪如返梅后，迅速传达上级指示，开展策应起义军的工作，组织工农革命军。县委（1927年9月成立）派萧向荣为联络员，负责联系兴宁的工作；派杨维玉到丙村，

王之伦到松口三井，林一青到西阳，陈启昌、古柏、杨雪如则亲自到梅南联系郑天保、胡一声，组织各地武装，建立工农革命军，策应起义军。

其时，梅县县委派出肖文岳、杨凡随、蓝裕业等带着介绍信和5000元筹款，从蕉平边入寻乌、赣南与起义军对接，到江西龙南后得知起义军已从会昌折入闽境，只好返回梅县。随后，李仁华奉南昌起义叶贺大军总部命回梅的消息，告知起义军不经梅县，而由闽西南经大埔直下潮汕的消息，要陈劲军等在兴梅一带发动武装骚扰敌人。于是，9月3日，兴宁农军在蓝胜青、刘光夏的领导下举行暴动，攻占了兴宁县城，缴获了大批战利品。9月9日，王之伦等组织发动了梅县松口三井农民暴动。南昌起义军朱德部抵达大埔三河坝时，王之伦、李德奇带领松口三井农民70余人迎接。起义军向他们赠送了一批枪支弹药。9月中旬，陈启昌与刘光夏等在兴宁兴凤寺集中了兴宁农军，准备进攻梅城。而梅城尚有钱大钧残部1个连的兵力。为取得进攻梅城的胜利，陈启昌返回梅城与李桃粦联系，决定将潜伏在梅城的工人武装组织起来，配合兴宁农军攻打梅城。兴宁农军到兴宁径心因缴获国民党警卫队的枪支，耽误了一些时间到达梅县。恰遇开往兴宁的敌军1个连，农军仓促应战，终因装备太差、力量悬殊而被迫撤出战斗，向荷泗、梅南方向撤退，进攻梅城的计划失败。随后兴宁农军转移到农村开展武装斗争。

南昌起义军在潮汕、三河坝战役失利后，根据"八七"会议精神和当时的形势，决定继续领导暴动，建立工农革命军，推动土地革命，夺取政权，建立苏维埃。1927年8月20日，根据中共中央决定，撤销中共广东区委，组建中共广东省委。广东省委随后派出特派员和巡视员到潮梅地区各市县巡视工作。9月，中共广东省委为了恢复含梅江的梅县周边党团组织，派李桃粦、曾衡（曾品清，化名曾华）回梅恢复党团组织，传达贯彻省委和南方局联席会议精神，并对各县党组织进行改组，成立各县县委，原中共梅县部委撤销，成立中共梅县县委，蕉岭县九岭支部升级为特支，兴宁、蕉岭、平远特支受梅县县委直接领导。原梅县部委书记刘标粦调任省委，李桃粦任中共梅县县委书记，组织部部长杨雪如，宣传部部长王之伦，职工部部长朱子干，军事部部长肖文岳，委员陈思赤、黄轩材、林一青，隶属东江特委（后潮梅特委）。同年11月初，中共广东省委派叶浩秀为潮梅党务巡视员，在中共潮梅特委郭瘦真等人的陪同下，在梅埔边的桃源郭氏学校召开了大埔、梅县、五华、兴宁四县党的负责人会议，传达省委和南方局联席会议精神。中共梅县县委未设固定机关，仅在城内李桃粦店中设立联络站。县属各区党支部亦进行改组，正式成立区委，同时正式宣布成立各县工农革命军。其中，梅县松口三井工农讨逆军为工农革命军东路第八团，梅丰边九龙嶂工农讨逆军为工农革命军东路第十团，梅埔边农军为工农革命军东路第十四团。工农革命军的建立，推动了武装斗争的发展。

二、工农革命军东路第十团在长沙的活动

梅城"五一二"工人武装暴动后，中山大学学生、党员胡一声（蔡若愚）、郑天保（郑兴）奉广东区委王逸常的指示，于1927年5月底，回到家乡梅南活动，在梅南中学收留、训练从梅城被封闭的学校转移来的革命学生。他们把广州党训班的教材印发给学生，同时联络附近农会骨干，建立秘密武装队伍，准备武装斗争。10月下旬，胡一声、郑天保率原梅南片区农民武装200多人到梅丰边九龙嶂，与丰顺县张泰元、黎凤翔等领导的农民武装汇合组成梅丰边九龙嶂工农讨逆军。是年11月，按照建立各县工农革命军的要求改组为工农革命军东路第十团（以下简称十团），郑天保为团长兼军委主席，胡一声为政治委员，张泰元为副团长兼军委副主席。全团有300余人，分成3个中队和1个特务中队，团司令部在九里岌。为解决武器问题，除集中各乡长枪外，还在九龙嶂周边村庄建立兵工厂，制造单响步枪，以充实武器装备。从此，不断发展地方组织，扩大革命力量，建立了梅丰边九龙嶂革命根据地，并领导粤东人民进行武装斗争。先后在梅南中学、长沙下罗的正本小学，发展革命组织。其中，中共梅县县委派李思绮担任正本小学校长，办起初中班，吸收倾向革命的老师叶明章、苏寿元、叶华灵等加入中国共产党，成立中共罗衣支部，李思绮任支部书记。招收革命青年六七十人，建立武装组织，以办学为掩护，从事革命活动，宣传革命道理，开展革命斗争。以

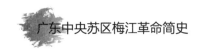

军委的名义印发布告，揭露封建地主豪绅的黑暗统治造成的农民贫富不均，宣传土地改革，买者不交租、不纳税、不还债，没收地主土地给贫苦群众的主张，并提出"一切工农团结起来""一切工农武装起来，杀尽地主豪绅及其反动势力""实行土地革命，组织苏维埃政府"等口号。号召农民团结起来暴动，枪杀地主豪绅，围缴反动武装，实行土地革命，并告示禁烟（鸦片烟）禁赌和土匪活动等。

1927 年底，为震慑恶霸地主下乡放款收取高利贷，长沙正本小学党组织了解到大地主侯六世（今三角镇湾下侯屋人）、钟八爷（梅城城南钟屋人）的收租船停在下罗衣乡（今长沙镇下罗村）的梅江河中，李思绮决定率领叶明章、叶诗光、叶天予、苏树源、余近仁、苏荣生、苏亚火、郭吉粦、叶绿元等，会同工农革命军东路第十团熊光等人，在梅江河岸边的塔子角组织镇压恶霸地主的行动。

第十团武装队员与正本小学党组织的这次袭击，镇压了两个收租的地主，大大地鼓舞了梅南长沙片区广大农民反恶霸斗志，震慑了地主下乡收租的嚣张气焰。此后，革命声势威震四方，外面风传第十团有数千人之多，使附近的反动军队大为震惊。

三、初步开辟明山嶂革命根据地

"五一二"梅城武装暴动后，梅县部委决定，大部分武装向梅北撤退，小部分武装（多是知识分子、学生）则由林一青、萧向荣等率领转向西阳、白宫山区活动。林一青先把这批同志带至西阳镇塘坑里住了两天，然后将他们秘密分散转移到早已建立了革命关系的明山嶂山区去。接着梅县暴委的林森端、卢其新、黄国材等也陆续转入西阳、白宫。从当年5月至9月，中共梅县部委的领导中心随着也转到西阳、白宫，并隐驻在西阳、白宫赛仁村正本学校。

明山嶂地处梅埔丰三县交界处。山的东面和西面是大埔埔西区、丰顺丰北区，而北面和西北面则是梅县丙村区和西阳区白宫，靠西阳白宫这面山麓有两个相连的村庄：明山村和嶂下村。早在1926年冬，林一青通过与早几年认识的陈君干（嶂下村人）、黄吉轩、廖学元、李育（三乡小都黄坳村人）等的关系，在明山周围秘密进行革命活动。首先吸收他们三人加入了中国共产党，接着通过他们又在板盖坑、关肚里、上下卢肚等村秘密成立了农民协会，农会主席刘丙兴，秘书张亚堂。

1927年6月，林一青将曾参加梅城"五一二"武装暴动的一小部分同志带入明山后，即找到廖学元、黄吉轩，交接好组织关系，成立嶂明乡党支部。此后，他们就在这几个村庄（包括三乡小都黄坳村）开展活动，发展党、团员，建立武装。支部曾决议规定要求，每个党员每天至少要找一个对象进行宣传教育，每星期要介绍发展一位纯洁可靠的群众加入党或团组织。仅3个月时间，便发展当地李春生、张榜曾、张亚棠、钟佐兴、张玉曾、李亚隆、廖恩胜、李新妹、叶亚菊、陈富耀、丘亚苏、丘亚权等十多人加入党组织；发展林元喜、李裕东、李裕泉等20多人加入团组织，加入少年儿童团的则有张淼兴、李万生等20多人。

1927年9月，中共广东省委派出的潮梅党务巡视员叶浩秀要求梅县地方党组织积极策应南昌起义，继续组织暴动，建立武装。于是，西阳区委决定以明山嶂为基点，发动周围明山、嶂下等乡村，以党、团员为基础，串连发动组织武装。是月，西阳、白宫土地革命时期最早的武装——嶂明乡工农革命军正式建立。工农革命军成立后，立即掀起了打土豪活动。他们首先镇压了本乡村恶霸，接着又在三乡小都黄坳武装配合下，打败了三乡小都团防。

同年10月，南昌起义军经历三河坝战役后，小部分失散人员经与当地党组织联系，转移至铜鼓嶂、明山嶂活动。西阳区委和丙村区委及时与他们取得联系后，丙村区属的竹小村和西阳区属的嶂明村支部力量得到进一步加强，1928年春建立中共明山支部。在明山支部统一领导下，竹小、群州（均属丙村区）、嶂明3个乡村成立了农民协会，工农军改组成为赤卫队，人员发展到两百多人。

明山地区各乡村党、团组织的发展，农民协会、工农革命军和赤卫队的先后建立，标志着早期明山嶂革命根据地的初步形成，对后来西阳、丙村，乃至梅县和梅埔丰边土地革命斗争起到示范和推动作用。

四、西阳区委成立并发展成模范区委

西阳白宫暴动武装根据形势撤离城镇后，在国民党县警卫中队支持下，敌警察所和反动团防队首先查封两个镇的工会组织和妇女解放协会，接着到处缉捕组织领导暴动的共产党和工会负责人及参与暴动的国民党左派人士，实行清党清乡，风声日紧，形势混乱。

中共梅县部委转移到西阳白宫的正本学校后，部委指示，西阳支部凡身份已暴露的党员退到乡村山区去，尽快找职业隐蔽站住脚。当地没法隐蔽的，组织上允许他们撤退到外地去。凡身份未暴露的则继续坚守工作，暂时不活动，待局势稳定后见机行事。西阳支部除李碧、李安发、李铨发等党员外，大多数党、团组织骨干都利用原有的职业掩护，继续联系原有的党、团员，做好稳定党、团员思想情绪、稳定组织的工作。因西阳中学当时是党、团组织发展较快的据点，东中、学艺被封后，许多学生都先后转到西阳中学读书，从而引起了敌人的注意。因此，党组织决定暂时放弃这个据点。1927 年下学期（9 月），西中全部换了人马，刘

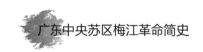

标辫被免去校长职务，而由何绍琼接任。但两个月后，当局势恢复平静时，党组织又指示仍留在校教书、隐蔽的党员丘亮华、李钦发、李献锐等，团结各校转学的进步学生，抗议何绍琼任职。学校董事会不得不重新改选校长，结果李钦发当选为校长，李献锐则担任总务主任，使该校领导权又掌握在党的手里。

为进一步指导乡村党员开展党的活动，1927年8月，西阳支部在部委领导的指导下，在正本学校召开联席会议，经过反复研究，决定将已联系上的隐蔽在西阳、白宫各乡村里的党、团员，依照自然村落编组为党的支部，团员一律转党员，指定专人负责，做好联络工作。经过一个月的工作，组成了嶂明（嶂下明山）、桃白（又称丹赤，包括桃坪、白水）、三溪（三突、合溪）、金溪（新田、清涧）、黄坑、龙乐、西阳中学等临时支部。

这年9月，中共梅县县委指示，县属各区委党支部亦进行整编改组，正式成立区委。中共西阳区委成立，区委书记由林一青兼任，组织委员李喜渊，宣传委员丘亮华。各地党的临时支部也分别正式成立支部。西阳区委大本营开始时设在白宫的正本学校。1928年4月后，为工作方便，又转移到林一青家。林一青认为，他的家背靠山岗，前靠白宫圩镇，把区委据点设在他家中，方便组织同志出入，有利于工作开展以及物资补给。他拟将白宫圩及附近乡村作为"国共和平区"，曾大胆地开展对本地乡绅的统战工作，与他们密约"彼此相安，互不侵犯"。

由于及时地做好了组织的整编和改组工作，加上开展对上层乡绅的统战工作，使西阳、白宫的党组织不但没有受暴动的影响而削弱，相反增强了骨干力量，组织更为严密，发展得更加健全。各个大乡村都建立了支部，在各支部的共同努力下，党的工作和武装斗争都有所发展，至1927年底，中共西阳区委被梅县县委列为模范区委。

五、恢复梅城东山、学艺两校的斗争

"五一二"梅城武装暴动队伍撤离后，原梅县学联被孙文主义学会所控制，东山中学、学艺中学、嘉应大学被封闭，党在城市的活动基地完全丢失。含梅江区的梅县武装继续在九龙嶂和明山嶂革命根据地实行土地革命的同时，着手在城市抓好同国民党反动派的斗争，恢复东山中学、学艺中学，争取学生联合会的领导权，重新建立党在学校的活动基地成为梅县地区党组织在这一时期的主要任务。就在此时，县立师范学校（即县师）校长许干寰到南洋募捐，校务由中共党员刘耀曾（教务主任）、曹昌贤（训育主任）主持，县委即派秦元邦到该校任教，加强对国民党反动派斗争的领导，指导学生的政治活动，培养党的新生力量，为恢复东山中学、学艺中学做准备。县师的学生在党的指导下，开展了争取梅县学生联合会领导权的斗争，并与女子师范学校、乐育中学、广益中学的进步教师和学生取得联系，经过系列斗争，使改选后的梅县学生联合会的领导权掌握在县师进步同学手中。

1928年1月，国民党驻梅第三十二军部与国民党县党部产生矛盾，而且日益尖锐。趁此机会，东山中学校友会、校董会亦联合发出宣言，揭露国民党反动派的种种罪恶，东山、学艺、县师的学生四处散发传单，迫使第三十二军军长钱大钧拘捕反动头子侯标庆，罢免侯昌龄县长职务。随后又组织县师学生和失学的原东山中学、学艺中学的学生到第三十二军请愿，要求恢复三校。终于在1928年春恢复了东山中学、学艺中学。嘉应大学则因师生散失而无法恢复。

东山中学、学艺中学的胜利复校，使党的城市工作的基点逐渐恢复，又一次粉碎了敌人反共的阴谋。

第二节　梅江工农武装斗争的曲折发展与革命活动

一、"安定书室事件"与"扎田事件"

1927年9月，按中共广东省委安排，曾品清任团县委书记，负责恢复共青团梅县组织的工作。他由中山大学同学胡一声介绍住在梅城北门凤尾阁的安定书室[①]。曾品清住在安定书室后，便把团县委筹备机关设在此处。因曾品清在参与东山中学、学艺中学复校斗争活动时暴露身份，同年11月，安定书室被敌人破坏，住在安定书室的曾品清、温士奇、陈纯昌等被逮捕，早年胡一声为安定书室写的门联"安得大同新世界，定将热血洗乾坤"，被指为宣传共产主义，陂角胡姓因此被罚款，同时书室被梅县国民党政府官员占住，史称"安定书室事件"。

1927年冬，梅县党的工作转入农村。共青团县委设在梅南安

---

① 安定书室是梅县梅南镇罗田上村陂角胡姓旅毛里求斯华侨先辈集资购置的华侨房产，专门供胡氏后裔读书住宿用。梅南的胡一声在梅州中学念书时即住在这里，此后他便把安定书室作为联络同志的活动地点。

和尾，在梅南中学设交通站，决定以梅南为中心，先在白沙、咸水角一带九龙嶂外围的广大农村开展农村斗争。因该地佃农较多，又与九龙嶂相毗邻，在此建立据点有较好的条件。1948 年 4 月，突发王之伦事件，团县委及十团党组织发表《告党员同志书》，并向省委报告，要求改选县委。在筹备召开全县党代表大会改组县委时，又发生了"扎田事件"，结果会议没有开成。

扎田，在梅城北部，现属梅江区城北镇扎上行政村启愚村。"五一二"梅城武装暴动后，县委将所有的秘密文件搬到离城不远、地处山区的梅县党部委员兼技术印刷人员唐运元在扎田启愚村的家中，并在此设立县委临时办事处。1927 年，李桃粦由香港回来时，以此作为县委的印刷机关。而扎田离梅城不足 5 公里，又是反动魔爪伸向大坪、梅西必经之道，情况复杂。最大的问题是，县委成员肖文岳、陈甦赤警惕性不够，使党在扎田的机关可能早已暴露，县委内部有不少同志建议转移，但时任县委书记的李桃粦却不以为然，反而还将 1928 年 4 月由中共广东省委派回梅县改组中共梅县县委的杨广存、林森端安置于此。杨广存、林森端以制皮革为掩护，白天跟唐运元家人一起制皮革，晚上，或在油灯下油印革命传单和资料，或披星戴月走偏僻山路，把传单和资料送到梅城各个据点。1928 年 4 月 28 日晚，县委在扎田唐运元家中召开扩大会议，会后杨广存、林森端留宿唐运元家中，由于被人告密，29 日凌晨 4 时被国民党梅县特务机关包围，杨广存、林森端、唐运元被捕，存放在唐运元家中的所有文件全部被查抄，造成 30 余人陆续被逮捕。5 月 5 日凌晨，杨广存、林森端、唐运元 3 人在梅城东较场被杀害，史称"扎田事件"。

二、整顿地方党、团组织

1928 年 1 月，广东省委在香港召开全体会议。会议对广州起义失败后的形势作了错误估计，认为革命仍处于高潮，党的任务仍然是暴动。2 月 9 日，省委巡视员叶浩秀与潮梅特委蓝裕业在汕头市召开各县市党、团书记会议，部署武装暴动工作。因叛徒告密，到会的 28 位同志全部被捕，几天后 24 人被杀，潮梅革命斗争受到严重损失。而梅县自 1927 年冬发生"安定书室事件"后，梅县县委领导层也出现了矛盾分歧。在艰苦复杂斗争中，2 月下旬，梅县县委召开第一次扩大会议，回顾了过去几个月来的工作，认为工作是做了不少的，但因负责同志缺少工作经验和客观上各种困难，造成组织系统方面有点凌乱，工作无计划，各区委支部因各自客观困难，未能很好执行县委决议，造成领导不能集中，"全党呈现一种极度软弱散漫状态"。3 月 28 日，县委又在西阳镇白宫正本学校召开第二次扩大会议，决定调整县委，重新分配县委工作，并决定整顿和健全县属各区委支部。4 月初王之伦事件后，接着 4 月 29 日，发生"扎田事件"，梅县县委机关被敌破坏，与省委失去联系两个多月，因而整顿工作受了一定影响。为坚持

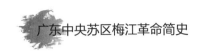
斗争,扩大武装,在与上级失去联系情况下,转移到各边县山区的各县委和工农革命军领导人通过自觉的联络和协商,组成和产生了各边县党组织。

1928年5月,梅县、五华、丰顺、兴宁、大埔五县的党和工农武装负责人召开联席会议,成立五县暴动委员会(以下简称"五县暴委"),"五县暴委"以九龙嶂为兴梅各县武装大本营,同时向铜鼓嶂、明山嶂、八乡山和兴龙北部山区发展,并于6月上旬组织了畲坑暴动。因畲坑暴动的举行使得在香港的中共广东省委从报纸上得悉九龙嶂仍有武装在活动,便于6月下旬派出巡视员梁大慈前来联系。各县领导人开会商议决定,将"五县暴委"扩大为梅、兴、五、埔、丰、潮、揭县参加的"七县联委"。巡视员梁大慈的到来,使含梅江的梅县党团组织与省委恢复联系,党、团组织的整顿工作才继续开展。6月17日,根据省委指示,中共潮梅特委与东江特委合并,改组成立新的东江特委,指定彭湃等7人为东江特委委员。潮梅特委辖下的党组织归属东江特委领导,更具体地指导兴梅各县的革命斗争。根据东江特委指示,梅县县委又具体提出了在整顿中应大胆吸收贫苦农民、农妇入党和发展工会农会工作问题。整个整顿工作进展顺利,县属各区委党支部亦进行改组,正式成立区委。至6月底,整顿工作便基本完成。通过整训,健全了县委、区委、支部的组织系统及相互间的联系,增强了组织观念和纪律观念,各同志更明确了工作目标和任务。

7月上旬,梁大慈在梅蕉边的羊古薮主持召开县委扩大会议,整顿和改组县委。会议总结检讨了王之伦事件和"扎田事件"以来的情况，批评和处分了原县委书记李桃舜以及肖文岳、陈甦赤等县委领导人的错误做法，并撤销了肖文岳、陈甦赤两人的职务，改组成立新的县委，决定李毓华为县委书记，朱子干为组织部部长，黄国材为宣传部部长，张昌英为委员兼秘书。遵照省委的批评指示，加强了党的基层建设和发展农会工作，此后，梅县党组织得到了较快的恢复和发展，先后成立了梅南、畲坑、松江、西阳、丙村、铜山等区委，同时组建了各区赤卫队。1928年10月，县委书记李毓华脱离组织去南洋，县委再度进行整顿改组，书记廖祝华，委员有熊光、朱子干、黄国材、林一青、李啸、黄龙广、李思绮等。

三、成立梅埔丰铜山区革命委员会

随着"七县联委"的成立，1928年7月，罗欣然、李明光、刘光夏率队集中到了明山嶂，立即开展以明山嶂为中心区域的革命根据地创建工作，得到梅埔丰边丙村区、西阳区、埔西区、丰五区的农军和赤卫队的积极响应和配合，为扫除明山地区的反动民团及封建势力进行了一系列的暴动斗争。为更加深入持久地领导和开展铜鼓明山地区的革命斗争和根据地创建工作，1928年8月到12月，梅埔丰三县领导人携边县四区的负责人，在明山嶂关

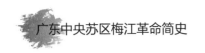

肚里召开多次联席会议，研究决定成立由三县负责人组成的领导这一地区革命斗争的机构——铜山区革命委员会。铜山区革命委员会一致选举叶雨全为主席，郑文才为副主席，成员有黄拱辰、黄朋光、房远林、廖学元等。铜山区革命委员会统一领导边界地区明山、铜山、铜南、埔西和丰北等地的革命斗争。1928年秋收斗争后，组织迅速发展，成立了区模范队。他们在乡村赤卫队的配合下，以大刀、标枪、鸟枪为武器，掀起了热火朝天的打土豪的活动，镇压了大恶霸，打败了小都团防，加强了该区的革命力量，使该区的游击活动更加活跃了。

四、赤卫总队成立与长沙圩战斗

1928年6月18日至7月11日，中国共产党第六次全国代表大会在苏联莫斯科召开。8月，中共中央委员、广东省委书记李源，深入东江巡视工作。9月间在汕头市附近的桑浦山召开潮梅地区各县党的负责人会议，传达六大精神，指出：第二次高潮尚未到来，我们的斗争方式必须改变，不能再搞暴动，不能硬拼硬打，必须善于发动群众，积极领导群众日常斗争，从低级做起，揭露豪绅地主反动军官的罪行……搞得他们惶惶不可终日，以壮大群众力量，然后引导群众开展，从减租减息到抗租抗息的活动，同时结合组织地下武装，伺机行动。1928年11月，广东省委专门召开省委二次扩大会议进行传达。会议提出目前党的任务是争取群众，积聚力量，以准备在新的高潮到来时，夺取武装暴动的胜利，并部署了各方面的工作。中共东江特委派代表参加了会议。12月，中共东江特委、团东江特委召开联席会议，选举了东江新的临委，讨论贯彻六大和省委二次扩大会议精神，决定派员到各县具体指导。随后，梅县县委召开了县委扩大会议，传达贯彻六大和省委二次扩大会议精神，并作出了有关的决议。

中共六大后，梅县党组织领导农民进行了秋收斗争，农民运动很快地恢复和发展起来，兴梅各县的革命形势已扩展到潮安平原城郊，八乡山根据地日益巩固，九龙嶂的武装队伍也已发展和壮大起来。同年秋，九龙嶂的武装队伍纷纷下山，深入农村，领导各乡农民开展秋收斗争。广大农民深受地主豪绅压迫剥削，一经发动便很快行动起来，开展斗争。从而使农民协会的组织由半公开走向公开，成为农村政权的基础。

1928年秋收斗争后，先后成立了铜山区革命委员会、松江区赤卫队、梅西区革命委员会，在其他乡村亦有游击活动，这些农村政权配合各乡赤卫队，掀起了轰轰烈烈的打土豪活动。

1928年冬，十团在五华、丰顺、揭阳、兴宁、梅县之间打游击，使这些地区的敌人提心吊胆。在这种形势下，梅南由5个乡农会发展到11个乡农会（水车、安和、白沙、小桑、曲溪、南顺、蓝田、滂溪、耕郑、赤南、上下罗衣）。1929年春，梅县农民代表大会在梅南顺里村召开，成立了梅县农民协会，主席由县委书记廖祝华兼任，并成立了梅县赤卫总队，总队长罗梓良。梅南成为东韩江革命斗争的中心，东江特委、东江革命委员会均驻梅南，指挥梅、丰、埔、华、兴等县的军事政治斗争。这时，含梅江的梅县地方党组织力量也有很大发展，全县有畲坑、梅南、西阳、松江、白渡5个区委，有8个独立支部，属区委领导的有45个支部。

共青团组织发展也很快。1929年2月，团东江特委派员来梅县，在梅城东山背油岩主持召开团代表会议，县委书记廖祝华参加了会议。会议决定恢复和重建团县委，书记卢伟良，组织部部长林枫，宣传部部长郭潜，委员肖桐英、钟新皇、叶加伟、叶焰骥。此时，全县党、团员有1200余人。梅县县委与十团武装配合，开展游击战争。1929年4月，明山、甲坑、嶂明、竹小乡赤卫队100多人分三路进攻三乡团防驻地回灵宫，击毙团丁1人，缴枪7支。5月2日，梅南赤卫队五六百人分路攻打官塘、新塘、长沙。13日，农民赤卫队又袭击西阳、白宫，毙西阳、白宫警卫班班长1名，缴枪12支。此后，各地的赤卫队袭击了畲坑、长沙、大坪、荷泗、石扇等地，皆获得胜利，尤其是长沙战斗，产生了重大影响。

原属梅南区的长沙圩，是国民党最接近九龙嶂根据地的据点，也是他们后方的堡垒之一，经常驻有1个警卫中队。由于敌人占据长沙，使得党对长沙沿梅江河至梅城城郊的工作难以开展。敌要向官塘、水车骚扰，也常常从长沙出发，攻下长沙，梅城之敌则暴露在工农武装面前。为了拔掉长沙之敌据点，进一步把工作扩展到梅城近郊去，县委决定攻打长沙。当时驻长沙警卫中队有个小队长和几个士兵是自己人，工农武装便决定以此有利条件直捣敌巢。1929年5月的一天，县委发动了长沙罗衣、梅南各乡群众数千人，以九龙嶂的武装队伍和当地赤卫队为主力向长沙连夜进发，由于队伍庞大，行动极为缓慢，未能如期到达指定地点，原进攻计划被打乱，而此时群众的情绪又极为高涨，不愿退却，最终决定继续前进。不料抵达岗哨时因口令不符，便接起火来，队伍立即登山和敌人展开激战。队伍虽然人多，但只有几支土枪，其他都不是作战的武器，眼看天已放亮，再打下去会对自己不利，便决定撤退。敌人也十分恐慌，也在那天上午撤离到三角镇泮坑去了。这次战斗敌我双方损失都不大，虽然没有达到预期的目的，但政治影响很大，此后，敌人不敢轻易驻兵长沙圩，豪绅、地主、奸商、恶棍无人撑腰，群众斗争情绪进一步高涨。农民纷纷参加红军，革命的武装力量不断扩大。含梅江的梅县人民武装斗争，在党的领导下又逐步走向高潮。

五、西阳区委两次遭受破坏

正当西阳白宫革命斗争形势蓬勃发展的时候，1928年12月，西阳区委主要负责同志林一青、李喜渊先后被逮捕，西阳区委首

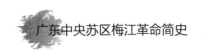

次遭受破坏。

1928年12月17日，林一青与县委杨雪如、黄才（后叛变投敌）、区委林绍满、张伦波等在其家里召开会议研究工作至深夜。当晚杨、黄二人就住在林家，而他却到白宫镇林顺昌金器店侧逸安俱乐部住宿，不料族中反动分子林德骥向西阳治安会告密，被国民党梅县县警大队包围。林一青当时如向店后北面跳楼可能会安全逃出，但是他为掩护同志脱险，径直向军警密布的金器店南面跳楼下田，因裤带被篱笆柱挂住，不幸被捕。次日天亮时，他被国民党军警绑在电线杆上示众。他高声地向周围的群众说："父老兄弟、叔婆伯姆们，大家不必伤心，我忠心耿耿革命为着解救穷人的痛苦，我死也死得快活，死得光荣。"在白宫到西阳的押解途中，他对群众宣传："你们不要害怕，不要悲伤，敌人就是这般残酷的。大家要记住，要联合起来，打倒反动派。"敌人害怕他向群众宣传，一面将绳索勒紧，一面用枪托打他。在审讯中，林一青面对凶残的敌人展开针锋相对的舌战，严词斥责敌人的反革命罪行，表现了一个共产党员视死如归的大无畏革命精神。12月22日，林一青被敌杀害了。

林一青被捕牺牲后，西阳区委由李喜渊接任区委书记，丘亮华改任组织委员，吴耀桂任宣传委员。区委办事处改设在白宫正本学校，可是未过一个星期，即12月下旬的一天凌晨，国民党县警大队又包围了正本学校，将李喜渊逮捕，当天即押往县城，关进监狱。在狱中，李喜渊机智应对几次审讯。由于证据不足，将其关押三个月后，国民党当局被迫于 1929 年春同意由梅县知名绅士卢耕甫担保其出狱。李喜渊由于不便留在西阳继续活动，这年夏天他只身前往广州，后又到了香港。

第二次被破坏是在 1929 年 10 月，由于原梅县县委交通员何海粦被捕叛变，敌警包围了团县委机关，团委书记叶家伟被捕，县城至西阳、白宫、明山沿途所有交通站均遭破坏。国民党随即将何海粦任命为白宫警察中队长。在何海粦筹划下，先诱捕了明山区（梅三区）区委李丙焕，李丙焕随即叛变。在李丙焕的配合下，何海粦假借区委召开会议为名又诱捕了明山区 24 名乡村党员骨干。不久，这 24 名党员骨干均英勇就义。

这两次事件，直接使西阳区委办事处受到严重破坏，使一些党员产生畏难情绪。但是，大多数党员革命意志保持坚定，仍然坚持在本地区斗争。此后，梅县县委和西阳区委认真吸取了这两次因麻痹大意造成的血的教训，决定将机关由西阳、白宫圩附近迁入深山区，县委机关驻新田承康楼，西阳区委先移至明山桃坪，接着又迁驻白水。1929 年冬 1930 年春，随着斗争的需要，西阳区委与梅三区又重新合并在一起，重新组成新的区委，区委机关两块招牌一套人马，成员扩大至 11 人，书记何德长，其他成员有李丙粦、郭茅喜、廖志坤等。

第三节　红四军两次攻打梅城

一、迎接配合红四军挺进东江

1929 年 1 月 14 日，为打破湘赣敌人对井冈山的第三次"会剿"，毛泽东、朱德、陈毅率领红四军主力东进，转战赣南、闽西、粤东，以龙岩、上杭、永定为中心的闽西革命根据地迅速形成。

1929 年春夏间，由于两广军阀混战（即张发奎与李济深两个派系军队之战）还在继续，国民党抽不出更多部队来对付活动在闽粤赣边的中央红军。中共中央意图把广东东江苏区与闽赣苏区连成一片，命令红四军出击东江。同时指示广东省委和东江各县加强地方武装力量，开辟和巩固赤色区域，给东江尤其是兴梅地区的革命斗争以极大鼓舞。东江特委和梅县县委号召城乡被压迫的贫苦群众联合起来，打倒国民党，抗债抗税抗征粮；各区党组织要没收土地分给贫苦农民，建立苏维埃政府，迎接红四军。为策应和配合红四军进军梅州，含梅江区的梅县先后成立县、区乡革命委员会、苏维埃政府和相关的赤卫队、农会组织，普遍进行了打土豪分田地，开创土地革命的全盛时期。

在革命形势的推动和上级党的领导下，中共梅县西阳区委在铜鼓明山地区，领导掀起了抗租抗捐抗税、反治安警卫、反保甲的斗争。1929年4月，西阳区委便率先上明山板盖坑李屋正式组建成立了西阳区苏维埃政府、区联队和嶂明乡苏维埃政府。西阳区苏维埃政府成员有何木发、黄吉轩、李丙舞、李焕等，何木发和黄吉轩为正、副主席。西阳区苏维埃政府下辖11个组织，部分组织负责人为：青年团，书记李裕东；赤卫队队长郭玉贤、张榜曾；儿童团团长张茂兴；少先队队长李望、郭集玄、李桂章；妇女会主任李带英；救护队队长丘亚元；破坏队队长叶丙元；宣传队队长李干；交通员李凤。

这年5月，梅县县委研究决定，将全县分成梅东、梅西、梅南、梅北4个片，派出负责同志到各片开展工作，以加强对各区乡武装力量的领导，推动各区乡革命斗争的扩大和政权的建立。

1929年五六月间，根据县委指示，中共西阳区委把西阳、白宫分成两个部分，分称为梅三区（又称明山区）、西阳区（即西区）。原西阳苏维埃政府则改称为西阳区苏维埃政府。梅三区区委书记叶明章，副书记廖学元，区委委员林烈、李丙焕、钟榜等。此后梅三区委驻明山嶂顶，梅三区苏维埃政府迁嶂下村吊简坑。10月以后，梅三区苏维埃政府再迁驻船子坜和板盖坑。

1929年冬，中共梅县县委委派叶明章、阙潮方和谢干先（谢

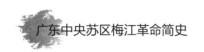
持）到明山代表梅县县委参与梅埔丰三县负责人组成的边县铜山区委，加强铜山地区革命斗争力量，进一步扩建梅三区（西阳）、梅四区（丙村）赤卫联队，筹建铜山区苏维埃政府、铜山区四区联队，铜山区委经过研究决定，铜山区革命委员会正式迁驻离关肚里仅 1.5 公里的上、下卢肚村。成立大会之后，原革委会的横牌子，改挂铜山区苏维埃政府和区联队的长牌子。铜山区苏维埃政府和铜山区联队的成立，标志着明山嶂梅埔丰边革命根据地正式形成。

随着东江革命斗争形势的迅速发展，为了进一步贯彻党的六大和省委二次扩大会议精神，掀起东江革命斗争的新高潮，中共东江特委决定召开东江党代表大会。1929 年 6 月 18 日至 7 月初，在丰顺县黄礤召开了东江党代表大会。党代表大会认为："东江农村的斗争，动辄走向武装冲突的局面，武装的组织与准备成为必要。"应不断进行赤卫队及红军的组织、训练和武装。经请示中共中央同意，决定在东江范围内建立工农红军第六军，从第十六师第四十六团组织起。人员以梅县、兴宁、五华、丰顺、大埔五县原工农革命军第七团、第十团、第十二团和第十五团为主，共 370 余人，成立了第四十六团，团长李明光，政委先为丘宗海，红四军进入东江后，改为龚阶池担任。后来又整编了梅埔丰边铜山区模范赤卫队，共 900 多人。8 月，在潮、普、惠又组织成立了红军第四十七团，在饶和埔成立了红军第四十八团。10 月，正式成立了东江工农红军总指挥部，东江特委军委书记古大存为总指挥。坚持在八乡山、九龙嶂、铜鼓嶂和明山嶂周围的梅埔丰边区、揭丰华边区等活动，对八乡山和梅埔丰根据地的巩固和发展作出了重大贡献。

全县的梅东、梅西、梅南、梅北4个片区则开展扩大土地革命和建立苏维埃政权的宣传工作，广泛发动群众，结合秋收，开展打土豪运动，大量储备粮食。先后成立了区革命委员会（土地革命运动中过渡性的人民政权组织），同时区成立赤卫大队，县成立了赤卫总队，全县有赤卫队队员1万余名。各区苏维埃政府成立之后，领导各乡赤卫联队掀起打击反动派和土豪劣绅的斗争，配合红四十六团，有力地打击了敌人，推动周边乡村地方武装力量迅速扩大，扩大了赤色区域。各区工农武装前后击退敌人数次"进剿"，消灭了长沙圩等十多个区的反动民团武装，保卫了苏维埃政权，保卫了苏区土地革命。并以九龙嶂为中心，在梅南一带建立了兵工厂、被服厂和后方医院，如梅南罗衣乡（现长沙镇）陈公坪上村李屋的兵工厂和吴屋的印刷厂就是在此期间建立的。同时，县委在各地办红军干部学校，设立交通站。组织训练农民、妇女以买卖东西作掩护，传递消息及侦察敌军情况等，为红四军的到来做好了组织、军事和物质的各种准备。

梅县周边的工农武装，在东江工农红军总指挥部领导下，通过扩大明山嶂、铜鼓嶂到九龙嶂红色区域，把梅埔丰三县边区的所有区乡村武装连成一片。

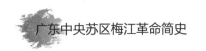

二、红四军第一次攻打梅城

1929 年 9 月，国民党各派军阀之间的矛盾重新激化，原粤系军阀张发奎在湖北宜昌通电反蒋，并率所部第四师经湘西向广西开进，准备联合桂系军阀李宗仁部，进攻依附蒋介石的粤系军阀陈济棠部，夺取广东。面对两广军阀混战的有利时机，中共中央通知福建省委指示红四军前委和闽西特委：朱毛红军（红四军）全部立即开到东江去，与海陆丰联络起来。与闽西相呼应，使闽西、东江连成一片。此时，红四军领导人毛泽东病了，陈毅去上海开会未返，军长朱德代理前委书记，决定除留第四纵队在闽西活动外，第一、二、三纵队 6000 多人于 10 月下旬全部向粤东推进。

第一纵队由纵队长林彪、党代表熊寿祺率领，从福建上杭出发，经武平象洞、蕉岭北礤，10 月 18 日进入梅县、蕉岭交界的上步村，分三路包围并全歼梅县松源老圩守敌陈维远的第三十三团一个营。第二纵队在纵队队长刘安恭、党代表彭祜的率领下，从福建上杭出发，18 日经永定峰市进入大埔青溪，19 日向虎市进发，击溃敌一个营，俘敌三个连，攻占石上、虎市、青溪。第二纵队纵队长刘安恭及 20 多名官兵在争夺敌机枪阵地的战斗中不幸壮烈牺牲。第三纵队在纵队长伍中豪、党代表蔡协民的带领下，由武平出发，进攻岩前，打垮了长期盘踞武平的钟绍葵保安团。由于第二纵队是初战，刘安恭牺牲后，纵队长改由郭化若担任。

红四军 3 个纵队先后经过 4 天才在松源会师集结。22 日晚，去上海开会的陈毅化装成华侨从上海经香港、汕头回到梅县松源的红四军前委驻地，带来了党中央 9 月 28 日的指示信，史称《九月来信》。《九月来信》中第九项内容专门就红军目前的行动问题作部署："在军阀战争开始爆发之际，红军应以全部力量到韩江上游闽粤边界游击，以发动群众斗争，至两广军阀混战爆发东江空虚时，红军可进至梅县丰顺五华兴宁一带游击。发动广大群众斗争，并帮助东江赤色区域的扩大，向（相）机围缴敌军枪械，集中东江各县赤卫队建立红军……"陈毅回来后，担任红四军前委代书记。22 日晚，红四军前委会议决定：离开松源镇，由蕉岭、平远入兴宁，到达东江赤色区域。

红四军在 10 月 23 日晚按原进攻东江的既定路线撤离松源抵达蕉岭县城，但在 24 日晨接到情报说：梅城无敌军正规部队，只有本县警卫队守城。所以红四军前委会随即决定改变原计划，转而进攻梅城。

1929 年 10 月 25 日晨，红四军由蕉岭县城出发。下午，经三圳圩于晚 9 时到达新铺。经梅县石扇、杨文，绕过离梅城约 10 里的排子岗敌哨，次日 4 时左右，进抵大浪口，随即直捣北门祖庙，抢占了金山顶，控制了全城。这时驻守梅城之敌，主要有李挺生的梅县县警大队及反动商团组织约 500 人，闻说红军已由蕉岭突进梅城，十分惊恐。红军第三纵队前锋只以两连兵力对付他们，敌警卫队便慌慌张张退出梅城，向西阳方向溃逃。此役缴敌枪械

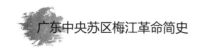

30 余支，毙敌 20 余人，红四军轻易地攻下了梅城。红四军进梅城后，军部驻县政府明伦堂（今梅城学宫内），派出政工人员，开展宣传工作和群众工作。张贴《红军第四军司令部布告》和其他各类安民布告，如《告商人及知识分子》和东江革命委员会主席团毛泽东、朱德、古大存、刘光夏、朱子干、陈魁亚、陈海云 7人署名的《关于公布执行土地政纲的布告》（第 177 号）等。25日晚上，朱德召开地方党、团负责人开会，会上，朱德讲了 4 点：第一，宣传、解释红军的政治主张，宣传反帝反封建，特别强调打土豪分田地；第二，为了解决红四军的给养，要求当地筹军饷；第三，侦察敌情；第四，发展工会、农会。26 日晨，时任梅县县委书记廖白（廖祝华）及县委秘书黄耀寰（黄日彬）、干部陈任之等和赤卫队的二三十人、东江革命委员会机关，一同由梅南开进县城，住明伦堂，随即协助红四军进行宣传、筹款、采购等工作。26 日上午，梅城工商界答应给红军筹集军饷 7 万元，当天下午已交 20450 元。

10 月 26 日下午 4 时，东江革命委员会在梅城孔庙（今梅州学宫）召开群众大会，到会六七百人，朱德站在大成殿前的石鼓上，向群众进行宣讲，宣布红军的政策和纪律，说明红军是中国共产党领导的工农子弟兵。号召大家武装起来，建立苏维埃政权，打土豪分田地。5 时左右，群众正听得入神，突然东较场方向传来枪声。原来是敌军陈维远旅在松口集中了 3 个团突然回到梅城，因不明敌情，红四军军部决定立即撤离梅城，朱德叫大家不要惊慌，说："革命是一定要成功的，以后再与大家见面。"随即宣布散会。留两个大队阻击敌人，掩护全军撤退。3 个纵队经南门河、程江桥一带，到大沙河唇，分龙润窝、澄坑两路，到轩坑渡口会合，连夜涉水渡河，向九龙嶂下的南坑、顺里山村转移。尾追的敌人是陈维远 1 个旅（有 3 个团），还有 1 个教导团，他们误认为红四军已向丰顺汤坑转移了，集中兵力向汤坑方向追去，妄图"消灭红四军"。当晚红四军分散在九龙嶂下的村庄宿营。27 日上午，红四军继续往九龙嶂支脉阿婆嶂东转移。28 日，红四军决定第一纵队留在南坑村，军部及第二、三纵队开往阿婆嶂东山脚的丰顺县马图休整。东江特委和丰顺县委到马图村荷树坳的文祠迎接。东江特委书记林道文、军委书记古大存、东江革命委员会主席陈魁亚、丰顺县委书记黎凤翔、共青团丰顺县委书记李井泉等人在马图亲切会见了红四军领导人，朱德军长亲热地同大家紧紧握手，说："你们辛苦了，这里的群众真好。"①

三、红四军反攻梅城

10 月 29 日在马图，朱德召开了军部会议；决定 31 日进攻梅城或兴宁，如果胜利，红四军就留在蕉梅兴接近赣南地方游击，

---

① 参考廖金龙著：《朱毛红军下井冈：红四军从井冈山转战赣闽粤梅州纪实》，解放军出版社 2009 年版。

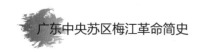

如果失败，则回师赣南闽西。

1929年10月30日，红四军由马图开赴梅南一带。此时派出到梅城一带侦察敌人情况的同志告知：陈维远旅3个团追去兴宁、汤坑未返，梅城只有郭思演教导团和侯森的基干大队，而教导团的一部分又驻在西阳圩，总兵力不过1000人左右，且闻敌人从汕头运来18船枪支弹药，放在梅城下南门谢家祠。据此情况，红四军前委决定在31日趁敌人的大部队尚未回到梅城时再次攻打梅城。总体部署是：三纵从城西担任主攻；一纵从城北迂回包抄；二纵为总后备队，在城东阻击敌人。城南面临程江、梅江，那时还没有梅江桥，过江靠小木桥和渡船，故未部署南面的进攻。

31日凌晨三四时，红四军开始由梅南出发，至上午10时，西起上市十甲尾，东至下市东山角，红四军3个纵队把梅城东西北三面紧紧包围起来。为便于指挥攻城战斗，朱德军长把指挥部设在离城1里多的城西黄塘村鹧鸪岌，当时的鹧鸪岌是梅城西边最高的一个小山岗，能够俯视整个梅城，是一个便于观察攻城态势的最佳位置。上午10时，战斗首先在城西的中华路、新庙前打响，守城敌军六十一师师长蒋光鼐率师部特务营、炮兵营和郭思演教导团负隅顽抗，固守待援。梅城战斗打响后，驻长沙的一营敌军开到坝尾嘴（今上南门对面），隔河向红军开枪夹击。以致第三纵队不得不分两路作战。第三纵队的红军向中华路、新庙前、萝卜坪、辅庭路的水浪口（又称"水涵头"）突击几十次，向新街（含今中山路）进攻3次。由于敌军占据城墙、门店楼房等有利地形，居高临下，用机关枪等扫射，攻城战斗进行了几个小时，仍无法突破敌守军防线。有士兵建议用"火攻"，把敌人据守的街道楼房烧掉，但被朱德军长拒绝了。他说："我们打仗不是计较一城一地的得失，而是为了消灭敌人，扩大政治影响，用火攻会烧毁很多民房，使人民群众遭受重大损失。"至下午3时，红军仍未能攻入城内，于是把攻击重点由城西转移到北门和金山顶。

驻城敌军见红军主攻城西，便率队向东突围，准备弃城而逃，但出城不远，便被担任阻击任务的红四军第二纵队火力压回，敌军团长只得指挥部队退踞金山顶，负隅抵抗，固守待援。攻城战斗打响不久，驻西阳的一营国民党军由副营长甘露带队增援梅城，至城东盘龙桥时，被守在盘龙桥罗瑞卿所率的一个营击退，此役毙敌十多人，敌副营长甘露亦被当场击毙。一时间，敌军无法通过盘龙桥增援梅城守敌。

那时的北门岗和赤岽岗是一片开阔的坟墓坡地，因此金山顶和北门也是易守难攻。红军战士前仆后继地冲到北门外、观音堂、金山顶下一带几十次，仍未能占领北门和金山顶。第一纵队的罗荣桓率第九支队攻打北门时，腰部受伤，由谭政等抬下火线。后来，第一纵队60名战士英勇地攻上金山顶，打伤敌军团长郭思演的脸部，打死姓郑的团副，但终因寡不敌众，这60名战士壮烈牺牲。战斗至下午5时，因死伤甚众，仍难攻下梅城，且闻敌军的援军将到，朱德乃下令停战撤离。红四军前委判断敌人将向东江地区增兵，不宜继续在东江地区作战，遂决定撤回赣南、闽西。

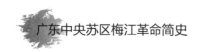

金山顶战斗是红军攻打梅城最惨烈的战斗，红军挺进东江损失精锐 293 人，均牺牲于此。

四、红四军出击梅州的影响

红四军进军东江预定的战略任务因反攻梅城失利而未能完成。但这一军事行动对梅县及东江地区的游击战争和苏维埃政权的建设却起到了促进作用，对东江地区的革命影响仍是深远，作用仍是极大的。

一是打击和震撼了敌军的气焰。红军撤离时，敌军龟缩城内，不敢出城追，当时梅县国民党政府的文件也不得不承认"人心恐慌，不堪闻问"。

二是充实了东江革命武装力量。红四军挺进东江后，给东江的部队传授战略战术和部队建设的经验，促进了东江红军的建设。朱德对东江地区的工作做了重要指示，他与古大存商定，为增加东江工农红军的实力，抽调他带来的红四军一小部分全副武装的人员，留下来由古大存统率，作为建立地方红军的骨干。这个小队就是红四军撤离梅城时留下的 100 人和伤员 20 人，后编入红军第四十六团、第四十七团。此外，红四军还对经过的地方赤卫队给予武器装备支持。

三是扩大了共产党和红军的政治影响力。红军第一次攻入梅城后，纪律严明，秋毫无犯，不住民房，不要人民私有财物，买卖公平，等等。朱德在孔庙的演讲及红军所做的系列宣传工作，使广大群众加深了对共产党领导的革命性质、任务、政策等的认识。并且红军绝不侵犯人民的正当权益，号召商人正常营业。红军一切从人民切身利益出发的行动，给民众留下了深刻印象，使国民党反动派平日歪曲、诬蔑红军的谣言不攻自破，共产党、红军在群众中的威望大大提高。

四是激发了人民的斗志，加速了东江苏维埃政权和东江红军的建立。梅县地方武装力量迅速扩大，原来未成立赤卫队的区、乡也竞相建立赤卫队和模范赤卫队。扩大了东江赤色区域，形成了大块农村或边县范围苏区的武装割据，各区乡的苏维埃政府如雨后春笋般地建立起来了，就梅县地区而言，梅南区先后建立起了水车乡、安和乡、上罗衣乡、下罗衣乡等11个乡苏维埃政府；梅西区建立起均和村、陈坑乡等9个乡、村苏维埃政府；松江乡建立有松林乡、尧西乡等7个乡、村苏维埃政府；梅北区建立有长田村、上村村等5个村苏维埃政府。在各区、乡、村苏维埃政府的直接领导下，各地农民开展了轰轰烈烈的打土豪、分田地的土地革命。从明山嶂铜鼓嶂到清凉山乃至九龙嶂，梅埔丰三县边的丙村、西阳、长沙、梅南、畲坑、丰四、丰五、埔西等区不但都建立了苏维埃，而且都连成一片，形成了铜山苏区和九龙苏区两大块苏区，成为东江苏区和后来粤东北苏区的重要组成部分。

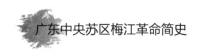

由于赤色区域的形成，不但乡村政权有党的组织，建立了党团代表，还在各区、乡苏区之间，各山隘、渡口设立了交通站和接头联络站，由各自负责单线联络，为后来坚持隐蔽斗争打下了坚实基础。

五是推动了土地革命。红四军来梅后，西阳、白宫几个大乡村苏区都成立了农会和赤卫队组织，适梅县县委、县苏维埃政府、县赤卫大队由梅南迁至西阳新田村（后赤卫大队亦从新田迁到简田继善楼），县委驻承康楼，县苏维埃政府驻怀永楼。县委和县苏维埃政府还在驻地附近的卢姓祠堂和庆云楼设立了交通局和印刷局。在县委和县苏维埃政府直接领导下，西阳、白宫范围内各乡苏区从 1929 年底，便开始按在梅江地区苏区颁布的《土地政纲》没收地主、公偿土地，按人口进行平均分配。

总之，红四军出击梅州对县城及各城郊区乡影响深远，极大地推动东江地区尤其是含梅江的梅县土地革命斗争达到新的高潮。

第四节　开展武装割据斗争和土地革命

一、红四十六团攻打长沙与"红五月"长沙之战

为巩固和扩大赤色区域，在县委和各区委领导下，从 1929 年底至 1930 年夏，各苏区联队赤卫队都开展了武装割据斗争，巩固革命根据地。红四军出击梅州后，含梅江区的梅县各区乡纷纷成立苏维埃政府，部队、群众士气十分高涨。梅县长沙圩是梅南片的一个大圩镇，驻有国民党毛维寿旅，有 2 个连 200 多人，对梅南长沙人民坏事做尽，梅南长沙人民早已对其恨之入骨。为了保卫土改胜利果实，巩固根据地，1929 年 11 月上旬，红四十六团团长李明光召集叶明章、张洪检、赖鼎钦等领导干部开会，决定攻打长沙的毛维寿匪军。李明光命令：军民协作，一定要拔掉毛维寿盘踞长沙的反动据点，才能巩固九龙嶂根据地。那天晚上，赖鼎钦带领九区赤卫队携带十几支枪炮占领了长沙圩河对岸西面的井子头岗顶，开炮轰击长沙的敌人。赖鼎钦后因夜间巡营时用竹片头火把照明，火星不慎引起火药堆爆炸，不幸牺牲。区委副

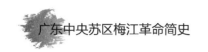
书记张洪检率领梅南区联队，从圩镇正面的栅门边强攻敌人。区委书记叶明章带领赤卫队队员在圩南面的牛皮形岗上，用土炮助攻，摇旗呐喊。而团长李明光则率领正规部队在牛皮形岗附近打击敌人。经过半天的激烈战斗，敌军终于抵挡不住军民四面的猛烈攻击。毛维寿匪军在长沙河边坐船经梅江逃入梅城。军民欢天喜地，进入了长沙圩，终于拨除了这个敌据点。

1930年东江工农兵代表大会后，梅县县委即根据大会制定的组织潮梅总暴动，夺取八县政权的"红五月"暴动计划，组织红军与土地赤卫队频频出击各区、乡守敌。其中于5月24日，共组织400余人再次攻打长沙守敌，与敌第四特务营第三连及地方警卫队激战，迫使国民党驻梅毛维寿旅派两个团防守梅城。

二、铜山苏区赤卫联队的武装割据斗争

1929年11月中下旬，梅三区（西阳区）联队（1929年2月建立）在原有基础上进行调整充实，总人数增加至150人，分成3个中队。其中第一中队有部分赤卫模范队队员被编入梅县赤卫总队部和红四十七团。第二中队（代表梅三区）与埔西区1个中队、丰五区1个中队、梅四（丙村）区2个中队，共5个中队150人组成铜山苏区赤卫联队（即四区联队）。1929年12月12日，在梅县县委负责人黄炎、县委叶明章、阙朝方等亲自主持下，在

梅埔交界的明山嶂板盖坑，召开边县铜山苏区赤卫联队成立大会。是日，会场搭起彩楼，张灯结彩，专门将几根苗竹连接起来，把苏维埃的斧头镰刀旗挂上去，周围10—20公里都可以看到红旗飘扬。大会宣布，由阙朝方担任联队总指挥，党代表叶明章，总教官黄明新。

1929年12月15日，铜山苏区四区联队成立不到几天，适大埔县大麻银江反动头子余品三、廖奋卿、郭菊然等率领团防自卫队300多人，大举进攻铜山苏区。他们一到坳头，就大肆烧杀，圳上被烧去房屋十多间，群众猪牛鸡鸭等财物被抢掠一空。四区联队获悉后当即赶到铜鼓嶂与明山嶂交界的山坳与敌展开激烈战斗，丰五区赤卫队300多人在队长刘彪率领下赶来支援，联队各路指战员英勇顽强，终于将敌人打退。这一仗共消灭团防队员30余人。紧接着，四区联队乘势进攻廖奋卿的老巢——葛藤坪，缴获电话机1部，俘敌3名。第二天，四区联队又转头奔袭白宫镇自卫队，再获胜利，自卫队四散逃走。

此后，为支援主力红军，根据上级指示，四区联队抽调80余人，编入东江工农红军第六军第十六师第四十六团三营九连，连长黄明新（一说黄寿新），其他干部有李亚隆、廖朋光、李添、罗子良、郭林贤、郭芳喜等。另抽调各区乡赤卫队队员补充四区联队。1930年1月17日，四区联队配合红四十六团，主动出击进攻银江龙市警卫队，全歼敌50多人，缴获长枪32支，短驳3支，炸嘴2枚，电话机1部，各类弹药一批。红四十六团和四区联队

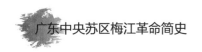
无一伤亡，安全撤回原驻地。

1930 年 2 月 1 日（农历大年初三），四区联队和梅三区、梅四区各乡赤卫队、群众 1000 多人，配合东江红军第四十六团攻打梅县重镇丙村，取得重大胜利。早几天，红四十六团参谋长龚楷带领几个参谋先行驻在三乡黄坳，在铜山苏区负责人的支持配合下，化装成华侨到丙村镇侦察，并和坚持活动在丙村镇内的地下交通站取得联系，制订好攻打计划。第一步，于 1 月 29 日（农历大年除夕）趁丙村镇治安会主席兼自卫队队长谢明纠回永沙老家过年之机，派出熟悉情况的精干赤卫队员将其击毙。第二步，1 月 31 日（大年初二）红四十六团团长李明光率第三营（营长曾义生）和东江红军学校的教导队学员共 300 余人，经西阳山区直插黄坳，分别驻在永安楼、怀永庄、承裕楼。经过一番动员休整后，2 月 1 日凌晨 2 时，在四区联队及革命群众五六百人配合下，红四十六团分两路出发。当时，丙村圩还没有国民党正规部队驻扎，未建炮楼，也未建桥梁，渡锦江河全靠渡船。上午 7 时左右，队伍一到丙村圩镇，就立即包围了驻在镇内神农宫的自卫队、商团，经过激烈战斗，自卫队、商团即缴械投降。红军赤卫队遂攻占丙村镇。驻河对面金盘堡自卫队闻讯，由队长李百谦率领，汇合从梅城赶来的国民党 1 个连企图坐船过河反扑。龚楷等带队沿河埋伏，瞄准木船下水位射击，木船被击中漏水而不能前进，敌人全部在河中被打死打伤。这次战斗共消灭敌军 170 多人，缴获大批枪支弹药、金钱、粮食、布匹和药材等。红四十六团参谋长龚楷和另外两名红军战士在河边阻击敌人撤退时，被暗藏在街边三楼的敌人开枪打死。

三、梅埔丰革命根据地的形成

梅埔丰革命根据地处于梅县、大埔、丰顺三县交界的九龙嶂、铜鼓嶂、明山嶂、阴那山、北山嶂等周围。1930 年全盛时期，其范围有 100 多平方公里，包括大埔县的银江、大麻、三河、英雅、洲瑞、青溪与桃源部分地区，丰顺的潘田、茶背、建桥、丰良、龙岗、大龙华、黄金、留隍、桐梓洋、潭江等地，梅县的梅南、畲坑、水车、长沙、西阳、丙村、三乡、松南、桃尧、梅北、梅西等大部分地区。根据地人口近 50 万。

从 1927 年四一二反革命政变至 1928 年 5 月，梅埔丰三县进行多次暴动失败后，革命力量先后撤往三县边界山区，总结过去失败的经验教训，认识到过去依靠群众不够，制定斗争策略未能从当地实际情况出发，与上级领导联系不够，等等，从而提高了策略思想。10 月，成立了梅埔丰三县代表参加的铜鼓山区革命委员会，与在九龙嶂坚持斗争的工农革命军第十团相互配合，开展梅埔丰边的斗争。

"五县暴委"和"七县联委"在九龙嶂成立后，革命形势好

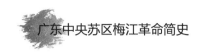

转，三县党的组织发展壮大，到 1930 年冬，三县的党组织发展到：丰顺有 4 个区委，56 个支部，党员 600 多人；大埔有 4 个区委，20 个支部，党员 349 人；梅县有 6 个区委，45 个支部，党员 400 多人。在这段时间，三县的县委互相合作，并肩战斗。是年冬，由于斗争形势的需要，东委决定成立丰梅县委，书记黎果（后黄炎），统一领导梅埔丰革命根据地的革命斗争。

三县的红色政权也随着革命形势的发展迅速建立，继丰顺于 1928 年 10 月成立县革委会后，梅县于 1929 年上半年先后成立了梅南、梅西、梅北、梅东、西阳、丙村等区的革命委员会。不久，成立了县革命委员会，主席熊光。大埔于 1928 年底先后成立了大河（即大麻、三河）、铜南、铜北等区革委会，并于 1930 年 1 月 1 日成立了县革命委员会，由张国栋、丘宗海等人组成。1930 年春，梅县在梅南顺里成立了梅县苏维埃政府。并建立有梅南、梅西、松尧、梅北、西阳、畲坑 6 个区苏维埃政府和 37 个乡苏维埃政府。丰顺县建立有丰良、潘田、铜南、黄礤 4 个区苏维埃政府和十多个乡苏维埃政府。大埔也先后建立大河区（后又分为大麻区、三河区）苏维埃政府和一批乡苏维埃政权。在此期间，三县把铜鼓嶂地区划分为梅三区、梅四区、埔西区、丰五区，各区都成立了苏维埃政府，初步开辟了以铜鼓嶂为中心区域的梅埔丰革命根据地。

1928 年下半年，先后有工农革命军东路第七团、第十团、第十五团等革命武装参加开辟梅埔丰根据地。到 1929 年 6 月组建了红军第四十六团。后红四军留下的 1 个大队编入该团，团长李明光，政委龚介池（后丘宗海），副团长邓子龙，参谋长龚楷（后杨崇哲）。到 1930 年 3 月全团有 370 多人，不久发展到 600 多人。地方武装也迅速发展，丰顺有农民武装 1000 多人。1930 年 1 月 1 日，大埔县成立了县赤卫总队，初时 20 多人，后发展到 100 多人，总队长邓勇光。梅县建立了梅南、梅西区联队，后又建立了县大队，人数由 100 多人发展到 200 多人。铜鼓嶂地区把梅三、梅四、埔西、丰五等区模范赤卫队合并为四区联队。1929 年 5 月 30 日，工农革命军第十团、第十二团和农民武装 3000 多人，分四路围攻铜鼓嶂边的反动堡垒黄花村。红军在五六月间，三打畲坑，三战长沙，攻打西阳、石扇等地，杀伤敌人，缴获武器弹药一批。8 月 20 日，铜鼓嶂地区革命武装在丙村甲坑暴动，摧毁敌团防总部，缴枪 20 支。12 月 13 日，在丙村胜坑消灭敌团防，俘敌 30 名，缴枪 12 支。1930 年 2 月 1 日，红四十六团在四区联队和农民武装 1000 多人的配合下，攻击梅县丙村镇，击溃敌军谢明纠部，歼敌 300 余人，俘敌 20 多人，缴获长短枪 80 多支。革命武装在不断出击的同时，也给予来犯之敌以沉重打击，巩固了根据地。

梅埔丰革命根据地，在 1929 年东江革命复兴时期开辟，至 1930 年春正式形成。它对东江革命的复兴，对东江革命根据地的形成，都作出了重大的贡献。

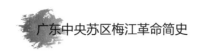

四、各区乡如火如荼的土地革命运动

中国共产党从大革命失败的教训中，深刻认识到中国革命的根本问题是农民问题，农民问题的核心是彻底改革封建土地制度，把土地分给农民，实行"耕者有其田"。党的六大决议案中提出："无代价地立即没收地主阶级的财产，没收土地为农民代表会议（苏维埃）处理，分给无地及少地的农民使用。"1929年7月，红四军在闽西苏区开展土地革命，进一步丰富了六大关于土地革命的基本原则和政策。同年10月，红四军出击东江梅州宣传了《土地政纲》，给含梅江区的梅县人民极大影响。红四军撤离梅城后，各苏区联队和各乡村赤卫队取得一连串武装割据斗争的胜利，极大地推动了苏区的政权建设和土地革命的开展。从1929年冬起至1930年春，相继进一步建立和健全苏维埃政府和农会组织，在苏区范围内开展了土地革命分田分地，焚烧地契、租约的斗争，革命斗争如火如荼。

土地革命的基本做法是：首先，各乡苏维埃政府成立土地革命的工作机构，推举或指定三至五人为土地委员，负责调查全乡村的土地，然后发至各村各家各户，根据人口、土地面积做出按人平均分配计划。待分配方案做出后，即召开乡民（或代表）大会，公布分田数量，宣布地主、庙堂寺产、公偿等的土地一律没收，分配给全体贫民。新分得的土地一律不得买卖抵押，在做分配方案时，有的乡村为防止人口变动，留有一部分公田，用公田公耕，采用四六或平均分成的办法经营，除耕者所得外，其余交给乡苏维埃政府。

1930 年春夏，庄稼收成好，苏区群众第一次实行耕者有其田制度，并将首次获得收割，心情特别高兴，乡村内外到处呈现一片新气象。当时流行着许多歌颂欢乐喜气的革命情景的歌谣，其中有几首是这样的：

> 共产主义最分明，起来革命救穷人，
>
> 大家穷人联合起，革命成功享太平。

> 共产主义真唔差，起来革命救大家，
>
> 大家穷人团结起，世界大同得荣华。

> 共产主义最分相，不交租税不纳粮，
>
> 打倒土豪分田地，大家有食得春光。

> 共产主义万万年，衣食充足得安园，
>
> 老人就有养老院，少年读书唔使钱。

但是，这时梅埔丰三县敌人已开始对苏区实行残酷"围剿"，只是由于边远山区"受剿"稍迟，至 7 月份此地群众仍可收割，而相当一部分苏区乡村则未能等到收割便被毁，晚造更无法插莳。土地革命分田分地，实际上只实行了半年。然而就是这半年左右

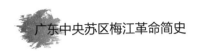

的分田分地运动，作为一项主要内容，使梅江区各乡村土地革命斗争进入了高潮。标志着在这一时期，梅江苏区红色革命根据地已正式形成。

第五节 革命低潮时期的隐蔽斗争

一、梅埔丰苏区反"进剿"

1928 年至 1930 年间，梅县、大埔、丰顺三县党组织连续发动农民暴动，取得了不少革命成果。特别是在 1929 年深入贯彻六大精神和 10 月红四军挺进粤东后，以九龙嶂、明山嶂、铜鼓嶂为中心的梅埔丰红色革命根据地的建设进入高潮。

梅埔丰红色根据地的发展，引起了反动派的恐慌。1930 年 5 月，梅县县长换上了比前任反动得多的江旋。江旋一上任，便与警卫队大队长一面计划"防剿"之策，一面整顿警卫队，补充队员和枪弹，增加实力。各区乡无自卫队和自卫力量较弱的督令增加自卫队。国民党将全县分为 14 区，5—7 月内新建立常备警卫队 15 个中队 7 个独立小队，增加短枪 1570 余支，其中西阳增驻 2 个分队。国民党调来了邓龙光师驻防丰顺县城（今丰良镇），张达旅驻梅城。在区乡治安会、自卫队、联防队的互相配合下，对九龙嶂、明山嶂、铜鼓嶂地区进行疯狂的"进剿"。反动派对根据

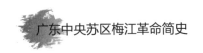
地的"进剿"是十分残酷的。他们在主要乡村设团防、筑炮楼，封锁周围根据地。同时驱赶根据地的群众离开自己的家园，迁往平原，并要根据地的群众自新、派款，如不自新者则逮捕枪杀。对设有圩市的乡镇则对赴圩群众进行严格盘查，只准群众进圩，不准群众出圩。如西阳镇逢农历每旬的二、五、八日为圩日，在1930五月节前两圩（四月二十八、五月初二）赴圩的群众特别多，群众进圩市后，特务营与自卫队即封锁各进出口，架设机枪，荷枪实弹，只准进圩，不准出圩，到处设点登记，凡成年人都得登记自新、接受盘查，不登记或登记过程中发现有可疑之处，就关押，少则三两天，多则十天半月，轻的假装释放后暗中分头派遣自卫队跟踪进山，刺探情况，严重的关押中即被枪毙。

国民党对根据地的村庄采用"三光"政策，一个村落一个村落地进行，所到之处均由敌探子开路，逢人便捉，捉到参加过党、团组织和农会、赤卫队的就杀害，连可疑者都不放过。房屋则放火烧。未收割的早稻，均由区自卫队组织的抢收队抢割去。逼得党、团员和群众都入深山躲藏。食宿山间，无法生产，生活无着，没有粮食，没有衣穿，加上风餐露宿，各种疾病流行，病死者极多。据梅县国民党县政府文件记载，从1930年5月至1931年2月，在这8个多月的时间里，仅梅县反动派"进剿"根据地就达61次。大批干部、群众惨遭杀害，有的村庄几乎全毁，被害群众难于计数。

梅县国民党驻军和国民党县政府将梅埔丰苏区边县地区的乡

村，列为全县重点"清剿"的"匪区"五段中的二段，派出正规军配合各县敌警卫队大举进攻和"驻剿"，苏区军民虽英勇地与敌人展开针锋相对的斗争，但损失惨重。苏区群众比前期更遭屠戮，为保全生命，只好背井离乡逃走。

由于国民党反动派频繁残酷"进剿"，至1930年12月，原梅县行动委员会撤销，组成丰梅县委，全县所属各乡苏区中共党团组织和苏维埃政府、赤卫队武装组织机构，已全被打散，邻近的区委进行合并，只剩下梅南、西丙、埔西、松江等6个不健全的区委，县委机关流动在九龙嶂、明山嶂、铜鼓嶂一带领导丰、梅两县苏区人民坚持斗争，革命斗争完全处于低潮之中。同时，1930年下半年至1931年冬，梅埔丰根据地受李立三"左"倾冒险错误的影响，使红十一军遭受很大的损失，同时，九龙嶂、铜鼓嶂的武装也在错误路线的主导下和敌人拼硬仗，遭受严重损失。

二、在挫折中浴血斗争

1930年下半年至1932年春，梅县土地革命斗争的后期，由于在武装斗争和"肃反"问题上受李立三"左"倾冒险错误的影响，加上国民党反动派的疯狂进攻，革命遭到严重的损失，根据地大部分遭到破坏，革命武装大大减少，革命斗争转入低潮时期。

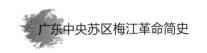

但是，各边县委领导的游击队，仍继续进行着艰苦卓绝的斗争。

1930年10月，中共广东省委派李富春、邓发来东江，在大南山大溪坝村召开闽粤赣边区第一次党代表会议，传达中央指示，撤销东江行动委员会，以纠正"立三路线"。接着，梅埔丰行动委员会也被撤销。成立中共闽粤赣特委，以邓发为书记。同时决定在东江地区分别成立直属于闽粤赣特委的西南和西北两个分委，含梅江的梅县隶属于西北分委。根据东江实际，又决定重新组建边界县委。不久，闽粤赣特委西北分委指示，梅县、丰顺两县党组织合并，组成中共丰梅县委，书记黎果，副书记叶明章，常委周翠英、古远、黄耀寰、饶集庭、陈耀。其时，梅埔丰边所属革命斗争已遭受重大挫折，各苏区所属范围的乡村全部被敌"进剿""清洗"，活动区域大为缩小，丰梅县委机关先设在马图乡北洞尾钟屋，后又迁华乡，再迁银江乡魁斗坑，至1932年春又迁长沙陈公坪鹿湖顶田屋。这时尚有丰梅苏维埃政府，设在九龙嶂下梅南罗衣乡（现梅江区长沙镇上罗行政村）陈公坪上村宋屋，主席叶明章兼任。丰梅团县委，书记李豪；丰梅武装大队，大队长黎通。1931年春，国民党派兵"进剿"时，此机关驻地不幸被烧毁。

1931年1月7日，正当国民党反动派大规模向各革命根据地发动"围剿"，苏区军民开展艰苦的反"围剿"斗争的时候，中共中央根据共产国际的指示，在共产国际代表米夫的直接操纵下，召开了六届四中全会。全会通过了《中共四中全会决议议案》等文件。改造中央领导机关，王明等人担任了中共中央的主要领导职务。王明"左"倾教条主义错误开始在党内占了统治地位。

中共广东省委 1931 年在 1 月下旬，派员到东江各地巡视，传达四中全会精神。2 月省委召开会议，讨论四中全会决议，做出完全拥护四中全会的决定。5 月 13 日，中共广东省委派军事委员徐德巡视东江，指导东江地区执行省委关于拥护四中全会的决定，并于 18 日召开东江特委扩大会议，决定取消西北、西南分委，恢复东江特委，同时决定贯彻四中全会路线。这次会议不久，广东省委又做出《关于东江苏区工作决议》，提出地主不分田、富农分坏田，要彻底平分一切土地，制定不切实际的所谓恢复西北根据地的措施，大力强调内部反"AB 团"的斗争。1931 年秋，丰梅县委又回到丰顺马图活动。可是回抵不久，丰梅县委内部就开始以肃清"AB 团"为主的错误的"肃反"运动。给本来已经脆弱的地方各级党组织带来更为严重的损失。肃清"AB 团"是赣西南党组织少数领导人因内部意见分歧引发的一场错误斗争，梅县各边县苏区由于较接近闽西、赣南，受到了一定的影响。

1931 年冬，东江特委派委员杨雪如到丰梅县委巡视指导工作。他明确指出了丰梅县委肃清"AB 团"犯了"肃反"扩大化的错误，并主持改组了丰梅县委，黎果任书记，常委叶明章、饶集庭、陈耀等。为了缩小目标，开辟新的活动基点，县委决定分散活动：黎果带一支队伍留在梅丰边九龙嶂一带；叶明章带另一支队伍到梅埔边三河坝一带；杨雪如则进梅城建立据点，准备与蕉

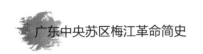

岭、平远方面取得联系。

1932年春，黎果（后邓彩平）带领人数不多的游击队员在丰梅边的九龙嶂一带活动，后因形势不利，供给困难，只好转移到兴宁大椹附近的叶田，以烧炭为掩护进行活动，至1934年才转移到丰顺桐梓洋。由叶明章带领的一部分武装在梅埔边的大埔三河坝一带活动，4月叶明章被捕，6月在转移途中逃脱。杨雪如到梅城重新建立据点，与蕉岭方面取得联系，可是杨雪如到梅城后不久被捕牺牲。这样，梅县境内就只剩九龙嶂的一支武装队伍坚持活动到1934年。1934年以后，由于反动军警与农村地主豪绅勾结在一起，反动势力日益庞大，村村建立团防，到处逮捕革命同志。在强大敌人的进攻下，革命武装日渐减弱，不久黎果、黎通等亦先后牺牲。梅县境内党的组织活动和武装活动基本停止，但是散居在各地的党员，仍以各种方式同敌人斗争。

梅江人民在保卫苏区的长期斗争中，虽因内部"左"倾路线的影响和外部敌人进攻下遭到严重的挫折，但是，革命的火焰并不因此而熄灭，革命斗争在全县各区乡播下了希望的种子。在日本帝国主义进一步侵入中国、民族危机日益严重的情况下，在中国共产党的领导下，梅江人民掀起了抗日救亡运动的高潮。

第六节　抗日救亡运动兴起与党组织的恢复

一、梅江区域的抗日救亡运动

1931 年九一八事变，日本侵略军占领中国东北三省。全国上下掀起的抗日救亡运动，很快影响到梅城，梅江人民在"天下兴亡、匹夫有责"的时刻，高举爱国抗日的红旗，积极开展抗日救亡活动。在老共产党员、老共青团员的发动指引下，梅城搬运工人首先起来罢工，各中学学生罢课，1931 年的 10 月 10 日晚上，以工人、学生为主的万人以上的队伍，举行提灯游行，沿着市区散发抗日救国传单，高呼"打倒日本帝国主义""反对不抵抗政策"等口号，群情激愤，抗日氛围浓厚。同时成立了检查仇货委员会，在全城各商店及全县各圩镇查禁日货。可是当人民正在轰轰烈烈查封日货的时候，反动的国民党县党部委员蓝光招，接受不法商人的贿赂，将日货改装成国货，继续在市场上销售，使查禁日货的行动遭到破坏。

1935 年 8 月 1 日，中共驻共产国际代表团草拟了《中国苏维埃政府、中国共产党中共中央为抗日救国告全体同胞书》（即"八一宣言"），提出了停止内战，建立抗日民族统一战线的主张，号召全国人民行动起来，为抗日救国而奋斗。中国共产党的号召，得到了广大人民群众的热烈支持与积极拥护。12月9日，北平数千名爱国学生在党的领导下，举行了"一二·九"运动，这个运动很快扩大到全国各地，兴梅地区也掀起了抗日民主运动的高潮。在西阳、白宫及其他区镇，大批青年学生对日本帝国主义的侵略和国民党腐败政府的不抵抗主义和"攘外必先安内"的反动政策无比愤怒，满怀忧国忧民之心，为寻找救国救民真理，他们渴望阅读进步书刊。但是，进步书刊在当地买不到，他们便积极与松口进步青年联系，并在他们的建议和指导下，开展抗日宣传活动，不断把进步书刊，如《路灯》《时事周刊》《新文学月报》《救国时摄》寄到梅城及各镇，开展抗日宣传活动。首先是组织读书会，定期开展活动，介绍进步书刊，交流学习体会，广交朋友，扩大影响，读书会成员还利用在校任教的有利条件，对学生开展抗日爱国的宣传教育工作。其次是成立剧社，通过剧社团结一部分对音乐戏剧有爱好和特长的中小学师生和社会青年开展抗日救亡的话剧宣传，推动抗日救亡运动的开展。演出的内容都是宣传抗日和揭露旧社会的黑暗，如田汉编的反映"一·二八"淞沪抗战的《回春之曲》、反映工人艰苦和斗争的《回声》、聂耳等人的歌曲串起来编成的歌剧等等。演出成功，影响相当大，受到工人、知识分子和商人及广大群众的欢迎，而反动当局把剧社视为眼中钉。

再次是成立歌咏团。歌咏团没有固定的成员，以读书会、剧社的音乐爱好者为骨干。

在梅城，老党员王芰祥（从中央苏区回来的，当时在梅州中学读书）团结了黄雨凝（黄芸）、黎邦等一批进步学生，组织起秘密的读书会，传阅上海等各大城市出版的进步书报，发起组织新文字（即中文与拉丁化）研究会，印发供会员学习的客家话写法拉丁化的课本，不久被国民党当局发觉，即转入地下活动。随后梅城成立了新梅剧社、新文学研究会，剧社成立以后，排练演出话剧，选出李展新、余铺森（余勇谋）、黄芸、周紫云、王芰祥、黎剑、黎邦等9人为新梅剧社理事，每天晚上都在民众教育馆（当时黄芸任民教馆助理员）的礼堂排练，所排练的剧目都是独幕话剧。这些剧目除在梅城演出外，还到南口、长沙、丙村、松口等圩镇巡回演出，深受群众的欢迎。这些活动对含梅江的梅县全境抗日救亡运动的形成起了极大推动作用。

1936年10月，广东省农工民主党派陈晓凡（梅县南口人），回梅开展抗日救亡工作，并同上海"全国各界抗日救国联合会"取得联系。梅江区所辖的区镇均成立了各界抗日救国会，他们组织进步青年，以抗日救国、恢复失地、废除中国一切不平等条约、争取中华民族的完全独立解放为宗旨，进行抗日宣传，组织动员不愿做亡国奴的人们站到救国的统一战线上来。

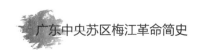

二、党组织的重建

在全国抗日救亡运动的影响和坚持在各地隐蔽斗争的党、团员秘密活动的推动下，梅江抗日救亡运动迅猛发展。为了更好地领导抗日救亡运动，必须尽快恢复和重建党的组织。1937年1月，中共韩江工委负责人李碧山受中共"南临委"的委派，到兴梅地区开展党组织的恢复活动和组建抗日义勇军。他首先在松口成立了中共松口支部和组建了中华抗日义勇军梅县松口小队，接着于1937年2月，到梅城大浪口公益亭发展了黎邦（化名戈锋）、黄雨凝、王芰祥（化名王平）等几名党员，建立中共梅城支部。梅城支部成立后，按照李碧山的指示加强了救亡工作的领导，成立了青年读书会、学生读书会、店员读书会、工人读书会。

1937年3月，成立梅县人民抗日义勇军大队，李显云任大队长，负责领导全县人民抗日义勇军的工作。抗日义勇军是党的外围秘密组织，非常严密。参加义勇军的条件是：政治觉悟高，坚信共产主义，勇敢坚强，身体健康，保守秘密，服从命令，必要时要离开家乡参加武装抗日。抗日义勇军成立后，便组织和帮助进步青年学习时事政治、哲学、政治经济学等等。5月，中共梅县工委成立，指定王勉为书记，陈仲平为组织部部长，陈海萍为宣传部部长，李显云为青年部部长，林汝舜为保卫部部长。中共梅县工委下辖松口区委、松源区委和梅城、丙村、南口党支部。

含梅江区的梅县地区党组织的恢复，结束了梅县共产党员较长时间失却党组织领导的艰难局面，形成了共产党组织对梅县抗日救亡运动坚强有力的领导。这对于推动梅县抗日救亡运动发展，迎接全民族抗战新高潮的到来具有重要的意义。

第三章
积极投身全民族抗战

第一节　组织力量投入抗日救亡运动

一、梅江城乡党组织的巩固发展

1937 年 7 月 7 日，日本侵略军在北平西南的卢沟桥附近，以军事演习为名，突然向当地中国驻军第二十九军发动进攻，第二十九军奋起抵抗，这就是卢沟桥事变。在卢沟桥事变发生的第二天，中国共产党中央委员会发出《中国共产党为日军进攻卢沟桥通电》，向全国人民呼吁："平津危急！华北危急！中华民族危急！只有全民族实行抗战，才是我们的出路。"号召全中国同胞、政府与军队，团结起来，筑成民族统一战线的坚固长城，抵抗日寇的侵略，国共两党亲密合作抵抗日寇的新进攻。

由于日本帝国主义的侵华战争不断升级，在中国共产党和全国人民抗日怒潮推动下，9 月 23 日，蒋介石被迫承认中国共产党的合法地位。至此，以国共合作为主体的抗日民族统一战线正式形成。

为了适应形势发展的需要，潮梅地方党、团组织迅速根据实

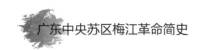

际调整工作。

1937年7月，中共韩江工作委员会在潮汕成立，李碧山为书记，李平为组织部部长，曾应之为宣传部部长。韩江工委辖潮梅地区党组织。1937年10月9日，中共闽粤赣边区临时代表会议在福建龙岩白沙召开。会上，成立中共闽粤赣边省委（1938年2月改称中共闽西南潮梅特委），统一领导闽西南和潮梅地区的党组织。不久，闽粤赣边省委撤销中共韩江工委，在潮汕和梅县分别设立中心县委。梅县中心县委机关于11月在梅城上市罗子角黎屋正式成立，原中共梅县工委撤销。李碧山为书记，吴国桢为组织部部长，黄芸为宣传部部长，温碧珍为妇女部部长。下辖梅县、兴宁、大埔、蕉岭、武平等地党组织。1938年3月15日，当中共中央发出《关于大量发展党员的决议》后，中心县委根据这一决定指示各区委积极在各救亡团体的积极分子中和各小学、中学革命教师中大量发展党员，并在那里建立支部，同时开办各种骨干训练班，培养发展党员。

梅县中心县委成立后，为了加强对梅城及近郊的领导，于1937年冬成立中共梅城工委（又称梅城城委），黎邦任书记，丘国华为组织委员，王平为学生委员。中共梅城工委根据上级党组织的指示，加强对近郊乡村开展工作，大量吸收在抗日救亡运动中涌现的积极分子和先进青年入党，不断扩大党的基层组织，帮助城郊各乡村建立党总支，发展党支部。至1938年4月，梅县中心县委属下已有400多名党员。而成立于1937年11月的城区区委则重点在学校和店员中发展党员，帮助各中学建立党支部。

在城南的水白堡（今三角镇），中心县委于 1938 年春派廖伟任新民小学校长，负责发展水白党组织，于同年秋成立了水白党总支部，廖伟任支部书记。1939 年春，水白党总支决定派水白学校女共产党员陈德惠和进步青年熊念敦、熊影秋等到泮香学校义务任课，开办妇女夜校，利用这个阵地团结农村妇女，对其进行革命启蒙教育和为开展群众工作建立活动基地。8 月，经水白党总支批准，成立了第一个中共泮香妇女党支部。王英秀任支部书记，在校的党员教师除完成教学任务外，还从事革命活动和党的工作。

西阳中学（下称西中）在留日学生、救国会成员、中共党员丘克辉校长（1937 年秋到 1940 年在任）的努力下，抗日救亡运动蓬勃开展。丘克辉决心把西中办成新型的抗日进步学校。提出读书不忘救国，增设战时教育课，组织学生到校外进行抗日救亡宣传活动。专门腾让出学校中的文祠，让广大进步的教师和学生在那里进行学习交流。他首先选聘一批共产党员和进步人士执教，奠定强有力的教师队伍。且将中国人民抗日军事政治大学校训"团结、紧张、严肃、活泼"悬挂在学校大门上作为西中校训，勉励师生员工将抗大精神贯彻到实践中去，促进抗日救亡运动。在这一时期，毕业于黄埔军校的吴汉超（梅西镇李坑崇化村人）被西中聘任军事教官，他对学生实行军事训练，经常在深夜或清晨进行军事演习，全副武装，快速登山，抢占山头，作实战训练。

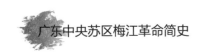

这个时期的西中是抗战初期梅县党组织建立的"抗日军政学校"，有"小延安"之称，曾分别得到梅县工委和梅县中心县委的赞扬。西中在1938年冬成立了西中教师支部，进一步促进和推动了整个西阳白宫片区抗日救亡运动的迅猛发展。

1938年12月，梅县中心县委在松口仙口（仙溪）村召开扩大会议，中共闽西南潮梅特委宣传部部长姚铎前来传达中共中央六届六中全会精神，详细讲了中国共产党在抗日战争中的地位、统一战线中的独立自主以及战争和战略问题。与此同时，中心县委指示各级党组织，趁国民党当局筹办各乡抗日自卫团之机，派党员或进步分子打进去并争取掌握领导权。中心县委还在梅城大众书店举办马列主义进步党员学习班。1939年5月，中心县委书记李碧山调闽西南潮梅特委工作，王维接任书记，梁集祥任组织部部长兼青年、妇女部部长，陈光仍为宣传部部长。同年5月，梅县中心县委得到闽西南潮梅特委的肯定和表扬。同年7月，中心县委妇女部改为妇女委员会，蔡元贞任妇委书记。

二、梅城抗日救国运动的开展

1937年7月8日，经中共梅城支部的努力，国民党梅县政府批准成立了"梅县民众歌咏团"，共产党员王芰祥、黄芸、廖胡今等为干事。1937年10月，中共梅县工委为了促进全县学生抗日救亡运动的开展，并统一对全县学生运动的领导，在梅城民众教育馆举行了全梅学生抗日救亡联席会议，成立了梅县中等学校学生抗敌同志会（以下简称"学抗会"），会员包括全县30多间中学、中专学校的1万多名学生。1937年秋，一批梅县留日学生，在梅县党组织帮助下，在梅城成立了梅县留日同学抗敌后援会，对梅县抗日救亡统一战线的形成和发展起到促进作用。1938年春，以强民体育会、育强体育会、青年店员、工人等为主会员的梅县青年抗敌同志会总会（以下简称"青抗会"，有大量分会及各分会成员）在梅城成立，总会具体领导强民体育会、流动剧团、艺术工作团、战时工作队等组织的活动。全县"青抗会"会员达几万之众。1938年冬，留日同学抗敌后援会牵头在梅城召开各救亡团体代表会议，改组梅县抗敌后援会为梅县民众抗敌后援会，使梅县民众抗敌后援会真正成为以国共合作为基础的抗日民族统一战线组织。随后又派出中心县委妇女部部长温碧珍、党员蔡元贞等进入官办的梅县妇女会，并通过改选理事、重新登记会员等，逐渐掌握了该会的领导权。之后，梅城手车、缝衣、店员抗敌同志会等相继成立，并带动、引导和发动全县各区、乡建立了公开的群众抗日救亡团体，为大规模开展抗日救亡运动奠定了坚实的组织基础。

在梅县中心县委的领导下，梅城的各类抗日救亡团体，通过举行文艺活动、开办妇女夜校、出版各种报刊等形式提高群众的

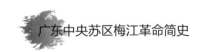
思想觉悟和民族意识。如 1939 年 4 月间，全城中等学校下乡进行 1 个月的抗日救亡宣传活动。1939 年 5 月 1 日，"学抗会"组织全城范围的学校师生举着"坚决拥护抗日民族统一战线"的大幅标语经凌风东路、西路、中山路、西门路、东山路进行火炬大游行。由梁隆泰负责的梅城大众书店，大量发行延安及全国各地的进步书刊，并开办了新生印刷厂。

梅城的各类抗日救亡团体还广泛动员群众支援抗战前线。妇女夜校生为前方将士做草鞋、做棉背心。教师和学生则写慰问信，做慰问袋，派慰问团前往潮汕前线慰问，鼓励抗日将士。1939 年 6 月，中心县委通过"学抗会""青抗会"组织了战地服务队和战时工作队前往潮汕慰问前方将士和伤病员。

至 1938 年 12 月，含梅江区的梅县各救亡团体在国共两党的共同号召和组织下，向抗日前线输送了 3600 多名青壮年（不包括梅县党组织单独向新四军输送的 100 多名骨干），筹集资金 11478.96 元，以有力出力、有钱出钱的实际行动参加抗日救国。

第二节　抗日反顽阶段的斗争策略

一、中共闽西南潮梅特委机关在梅江

1939 年春，日本侵略军对后方的梅县进行飞机轰炸。据统计，日军出动飞机 4 批 23 架次轰炸梅城，1 批 6 架次轰炸扶大大塘兵营，1 批 3 架次轰炸丙村锦江桥。其中 1 架飞机被中国军队用枪击中，坠毁在长沙小密村口的梅江河里，飞行员跳伞逃生后逃窜到长沙村的坑尾俞姓农民家中，用枪打死了屋主，当地村民听到枪声，立即前往围捕，将两名飞行员击毙。中共闽西南潮梅特委为了加强对潮梅工作的领导，贯彻执行向潮梅新区发展的方针，加紧抗日游击战争的准备，确定以战时动员、坚持抗战、增强党的力量作为一切工作的中心。于 1939 年 3 月把特委机关从福建龙岩白土迁驻到梅县，闽西南则成立分委，谢育才为书记。特委书记方方及其夫人、秘书许韵松、交通员郭玉意 4 人，同年冬转移到梅城白土乡（现三角镇）泮坑村桃树下中共白土乡支部书记熊秋魂（苏平）家，由熊秋魂的弟媳、中共泮坑妇女支部书记

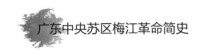

王秀英和党员古彩英、肖美玲等负责日常生活物品供应和掩护工作。特委领导人方方化名王先生，假以熊秋魂在南洋的侨商朋友之身份，因避日寇而逃难来此暂住。直至 1940 年 6 月潮梅特委机关又迁至大埔西河后，方方等人离梅。

1939 年 11 月，闽粤赣边区党组织贯彻中共中央关于党在国民党统治区执行隐蔽精干的工作方针和巩固党的紧急任务，决定暂停发展党员，把从思想上、政治上和组织上巩固党，作为今后一个时期的中心任务。1939 年 12 月，梅县中心县委在梅城召开了党的代表会议，传达贯彻了闽西南潮梅特委第六次执委扩大会议精神，部署整党审干工作和做好应付突发事变的准备。

1940 年 1 月，出席在重庆召开的南方局会议的闽西南潮梅特委书记方方返回特委机关驻地梅县，传达了中央和南方局的指示，随即发出两个重要补充指示，即《为加强抗战力量，反击顽固分子的进攻的指示》和《关于加强巩固组织工作的指示》。

一是进行组织整顿和审查干部。潮梅各地的整党审干工作是与加强党内教育密切结合进行，自上而下有领导地逐步开展的。为了提高广大党员和干部的政治理论水平，从思想上增强应付突发事变的能力，党组织采取举办培训班的形式来加强党员政治思想教育。中共梅县中心县委于 1940 年 2 月的春节正月初二至十三日在城郊水白湾下村双高第侯秀如家举办妇女党员骨干训练班。中共闽西南潮梅特委则于 1940 年 3 月，在城郊芹菜洋（现金山街道芹洋村大坝里张屋寿星楼）举办了党员骨干训练班，抽调了潮梅地区各级党组织 30 多名党员干部参加学习，认真学习毛泽东的《〈共产党人〉发刊词》，同时听取特委领导成员方方、陈卜人、黄会斋等所做的形势与任务报告，学习党的建设、列宁主义问题、怎样做一个共产党员等。由于当地党员张惠镛被捕，为了安全，训练班提前结束，为期约 20 天。训练班结束后，各地党组织立即开展整党审干工作，在逐级审查党员、精干党的队伍的同时，有计划地撤退暴露的干部。同年冬，梅县中心县委在梅城举办了为期半个月的区级以上干部训练班，除中心县委全体领导成员外，还抽调了属下各区级领导骨干 20 多人参加。主要是认真学习中央关于"隐蔽精干，长期埋伏，积蓄力量，以待时机"的十六字方针，学习中央南方局指示和闽西南潮梅特委第六次执委扩大会议的各项决定。通过学习讨论，深刻领会十六字方针的精神实质，以及如何结合实际，贯彻执行十六字方针，同时对区级干部再进行党的纪律、保密制度和党员气节的教育。通过学习，使大家进一步认清当前形势的严峻，认清国民党顽固派的反动本质，做好应对突发事变的思想准备，达到长期埋伏、积蓄力量、以待时机的目的。

二是实行个人负责的特派员制。1940 年 9 月，国民党顽固派制造第二次反共高潮。党中央考虑到可能出现国共合作破裂，南方局也可能要撤出重庆，决定成立中共南方工作委员会和西南工作委员会作为南方局下属的两大派出机构，分别领导华南和西南党组织。并于同年 12 月成立潮梅特委，统一领导潮汕和兴梅两个

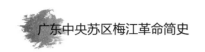

地区的党组织。梅县中心县委分为梅县县委和兴宁县工委。1941年9月间，中共潮梅特委遵照中共中央1941年5月8日发出《关于大后方党组织工作的指示》相关规定，在领导体制和组织形式上进行重大改革，县委、区委、总支的集体领导的党委制改为个人负责的特派员制，使各级领导机关小而精。梅县特派员为王致远，副特派员谢毕真和廖秋声（陈华）。王致远驻梅城西郊乌寥沙（与中共潮梅特派员林美南住在一起），负责联系附城、南口两区和学委及青年工作。党组织的领导体制改变后，各级组织直至基层党员实行单线联系，个别接头，不开会议。党员转移地区时，亦不转党的关系，党员独立活动，严格遵守保密制度，执行保密纪律，同时，要求党员加强学习文化知识与理论，进行自我教育，自学中央有关政策和指示，提高思想认识和策略水平，准备应付各种复杂情况，从而使党组织更加安全地巩固下来。

二、"学抗会"反顽斗争

在梅城，1939年8月，梅县国民党当局又开始加紧反共活动，首先查封了中共梅县中心县委在梅城义化路开办的大众书店，中心县委又在凌风东路开办了启蒙书店，不到2个月，又遭查封。接着中心县委集股开办了南方书店，不久又遭查封。国民党当局同时还查封了中心县委办在马石街口的新生印刷厂，还放出风声要解散各种抗日救亡团体。

面对国民党顽固派疯狂的反共活动，梅城的"学抗会"在党组织领导下成立中共梅县学生工作委员会，"学委"书记是陈瑾芳，委员有李鸣铮、李国超、龚迟光等。"学抗会"党团公开开展活动，党团书记李鸣铮，成员有何孟林、侯秀如、姚秋实等。

到了 1940 年四五月间，国民党梅县县党部下令解散"学抗会"并取缔"学抗会"的会刊《学生岗位》。在中心县委的领导下，"学委"和"学抗会"一致决定坚决反击。"学抗会"理事于 1940 年 5 月 30 日在民众教育馆召开全县中等学校学生代表大会，并举手宣誓"头可断，血可流，国家不可亡，真理不可灭"。会议中途收到国民党县党部解散"学抗会"的命令，与会代表无比愤慨，同声质问"救国何罪？"，纷纷上台发表意见，并提出强烈抗议。附城各中学的数百名青年学生闻讯也赶来会场，痛斥国民党顽固派的倒行逆施。大会做出决定，集队到国民党县党部请愿，强烈要求他们收回解散命令。

面对请愿学生，国民党梅县县党部的书记张公悌和县长梁国材起初都躲起来，不敢出来面对学生群众，暗中密谋对策。入夜 8 时许，国民党以谈判为名，将"学抗会"的李鸣铮、何孟林、姚秋实、潘佛章、刘时敏、巫耀宗、要国超、黄新能 8 人扣留，并派出荷枪实弹的县警队包围冲击请愿队伍，要求队伍解散。"学抗会"按照中心县委的指示，一面反抗县警队的冲击，一面疏散。当晚 9 时，被捕的 8 位同学即遭到审问，要他们承认解散"学抗

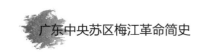

会"是对的，但他们没低头，和县长、书记长、特派员等展开了针锋相对的辩驳。巫耀宗被骗去填写了悔过书，当晚被保释，其余7位代表都被关进县政府拘留所。

6月4日的晚上，中心县委青年部部长郑敦在东山中学党总支机关所在地熊屋召开了紧急会议，重新组织新的"学委"机构，由龚迟光任书记，卢怀杰和房本营为委员。会议决定采取多种措施全力营救被捕同学，成立一个救援小组，负责这方面的工作。

由于学委组织各校救援会奔走营救，加上社会各方面开明人士、抗日将士、家长们的同情呼吁，给国民党县党部、县政府施加压力，国民党当局不得不于6月中旬释放了被捕的7位学生，这7位学生被誉为梅县学生抗日救亡运动"七君子"。

三、梅城党组织的隐蔽活动

1942年6月6日，驻大埔县大埔角和墩背的南委机关遭到袭击，梅城宫党组织和党员执行党的指示执行"三化"（职业化、社会化、合法化）谋生图存，"三勤"（勤业、勤学、勤交友）蓄力待机。在城区坚持隐蔽工作的党员，以自己的家或租住地为交通联络站。如杨微仪（人称四姆）以元城路中段的裕安祥青果店作为联络点；陈满姑以梅城辅庭路神庙作为联络点；张弢先后以肩一小学、进士楼、隆发米店作为地下交通支部；谢发以生活社米店为地下交通支部。撤向山区和外地的党员，有的打进国民党党政军机关潜伏，有的奔赴抗日前线。如附城区泮坑村熊兰英（女，1945年牺牲）参加广东抗日游击队东江纵队，任独立第三大队龙溪交通站文化教员、交通站站长。少数学生党员则考进别校继续隐蔽升学，留下革命种子，打好新的工作基础，为后来胜利恢复党的组织活动创造了条件。

此时期，负责主持潮梅党工作的林美南和潮梅特委一直在梅城秘密活动，1942年7月，林美南和潮梅特委、梅县县委机关驻城北五里亭隶华楼林屋。同年年冬，搬到西郊乌寥沙菜园。林美南在梅城隐蔽活动期间，主要通过梅城泰康路隆发米店的张叕和凌风东路京杂店生活社的谢禄秀、大墓岌的温万兴（温再生）等交通员，与潮梅各地党领导骨干保持联系，并通过松口旧衣店谢毕真、宋梅通与隐蔽在大埔县大麻莲塘的中共南委联络员李碧山保持密切联系。西郊乌廖沙菜园这个秘密据点一直坚持到1949年梅城解放仍安然无恙。

1940年4月开始，担负边区省委与中共中央南方局（设在重庆）之间秘密联络的是由边区省委直接领导的梅县地下交通站站长王华生。他以马石街口的新生印刷厂作掩护，此交通站只对上，不对下，也不发生横向联系。中共南方工作委员会机关被破坏的南委事件发生后，直到1943年5月，方方撤离梅县转移潮汕时，王华生才结束新生印刷厂的业务，赴汕头后护送方方到设在重庆的中共中央南方局。

第三节 抗战后期的武装斗争准备

一、恢复组织活动，组建抗日武装

1944 年秋，日本侵略军在华南发动了大规模的军事进攻，同年 11 月占领潮汕的日军进犯丰顺汤坑猴子崀的石角坝，企图打通内陆交通线，兴梅地区随时有沦陷于日寇铁蹄之下的可能。这时由广州迁到韶关的国民党广东省政府的部分机关，在日寇的进攻下又迁到兴宁、梅城，脚跟未稳，又准备北逃江西。国民党梅县县政府准备西迁大坪，学校停课，人心惶惶。在国难当头之际，中共闽粤边组织根据中共广东临委《为挽救全面陷落危机，坚持对敌斗争宣言》和中共中央的指示，认为抗日战争已进入最后阶段，敌人在作垂死挣扎，党应在边区积极建立新的战略据点，进行恢复党组织活动，组建抗日游击队，开展武装斗争。指派当时的南委联络员李碧山负责此项工作。

1944 年 11 月，中共潮梅地区领导人李碧山、林美南等在松口会晤，决定立即建立武装队伍，开展武装斗争，并逐步恢复党的组织。同时决定将梅县党组织移交李碧山领导。于是李碧山着手恢复梅县党的组织。1945 年 2 月 24 日，在大埔银江豆甲坑村成立抗日游击队韩江梅埔纵队第三、第四支队，建立梅埔丰边县工委。李碧山分析了抗日的大好形势和恢复党组织活动、组建抗日游击队、开展武装斗争的有利条件及重要意义，提出了在梅埔丰边开展武装斗争的任务，宣布了人民军队的"三大纪律，八项注意"。梅埔丰边县工委成立后各领导人即分赴各区委进行党组织的恢复和建立武装工作。梅埔丰边县工委实际存在时间不长，至 1945 年 11 月重建梅埔丰边县委便撤销。

1945 年 3 月，李碧山派熊钦海和王振先等到丰顺汤坑恢复党组织并筹建韩江纵队第五支队，不久成立中共梅兴丰边县工委，书记王立朝，同年 4 月在八乡山成立韩江纵队第五支队，支队长王振先，政委王立朝（后古关贤）。7 月，丰顺党组织和第五支队划归潮汕党组织领导，中共梅兴丰边县工委即自行结束。

在恢复组织活动的基础上，中共梅县工作委员会于 1945 年 5 月成立，指定陈明为书记，杨扬为组织部部长，黄戈平为宣传部部长。县工委机关设在梅城。县工委成立后，工作重点是全面恢复党的组织活动，继续审查批准恢复党员的组织关系，在巩固组织的基础上，发展新党员，培训骨干，建立各级党组织，主要抓好城市学生工作和做好统一战线工作。同年 9 月成立了梅县学委和梅县地下学联。为保密起见，规定梅县地下学联工作由梅县学委领导，学校党组织则由县工委直接领导，不发生横向关系。

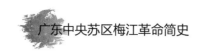

二、抗日游击队韩江梅埔纵队第三、第四支队的主要活动

中共潮梅地区在加紧恢复党组织活动的同时，着手组建抗日武装，在有战略意义的地区创建隐蔽的游击据点，积极准备抗击日军侵入。同时，打通与潮汕、闽西南的联系，使闽粤赣边区党领导的抗日武装斗争连成一体，共同完成党中央赋予的树立华南抗日根据地坚强右翼基础的任务。李碧山根据梅埔地区的实际，对开展群众抗日游击战争的具体部署是：以面临潮汕抗日前线的饶和埔丰、梅埔丰、梅兴丰三片为重点，各片在恢复组织活动的基础上，成立县工委和建立一两支武装工作队，然后以办点放线的方式开辟抗日游击据点，分别向潮汕敌后发展，打通与潮汕党组织和抗日武装的联系。同时，对处在第二线的梅蕉杭武、埔永梅、梅兴平蕉三大片，则在恢复党组织的基础上，成立县工委，开展群众工作和统一战线工作，形成新的边县战略据点，并加强与闽西南老区的联系，准备武装抗日。

抗日游击韩江梅埔纵队各支队成立后，立即开辟梅埔边游击据点。韩江纵队第三、第四支队按纵队计划和部署，挺进梅埔丰边地区。第三支队以铜鼓嶂为中心，第四支队以九龙嶂为中心，分别向各自周围展开后，向八乡山方面发展，打通与潮汕游击队的联系，使兴梅和潮汕两地的抗日武装斗争连成一片，以便与韩江纵队主力部队随时配合打击日本侵略军。

第四支队由支队长邹子昭、政治委员何献群带领，先后在西阳、白宫山区的明山、嶂下、新田、溪田等地活动，建立联络点。他们向群众宣传抗日救国，号召群众随时准备同入侵的日寇做斗争，并公开表明韩江纵队是中国共产党领导的人民子弟兵——新四军先遣队，也就是当年的工农红军，目的是下潮汕打日寇，宣传中国共产党抗日救国的主张及政策。号召一切党派、阶级、社团和个人，都要在中国共产党的领导下结成最广泛的抗日民族统一战线，一致对敌，为打倒日本帝国主义、建设新民主主义的新中国而共同奋斗。由于广泛的宣传，第四支队的干部、战士严格执行"三大纪律，八项注意"，群众很快认识了部队，热情支持部队。山区群众的抗日积极性也得到了空前的提高。第四支队从1945年3月进村至1947年2月离开，前后共驻扎2年，深得群众的爱戴和信任。

三、组建抗日自卫队

1944年冬，东江纵队领导人尹林平、曾生等根据周恩来关于东江纵队要帮助中国民主同盟（即民盟）建立南方组织的指示，派出梅县籍党员陈慰慈和爱国民主人士胡一声，回到梅县家乡，协助已回到梅县的爱国民主人士李伯球、杨逸棠等，以梅县为据点，并请李章达、张文（梅县人）领衔筹备建立中国民主同盟南方组织。1945年2月，在梅县城东潮塘村成立了民盟东南总支部（后改为南方总支部），决定在兴梅发展壮大民盟组织和建立抗日武装队伍，并与广西、福建取得联系。1945年6月，中共梅县工委书记陈明根据上级指示，加强与在梅县的中国民主同盟南方总支部的联系和合作。支持民主党派争取民主、坚持抗日斗争，并派人协助民盟发展组织与宣传工作。在中共抗日民族统一战线的感召下，中国民主同盟南方总支部对中共领导的革命事业有了进一步的认识，积极拥护中共提出"一致抗日，反对妥协；坚持团结，反对分裂；坚持进步，反对倒退"的主张。在中共梅县工委和中国民主同盟南方总支部共同组织领导下，含梅江的梅县各区乡先后组建了地方抗日自卫队，建立抗日根据地，随时准备迎击日寇进犯。

在抗日战争后期，韩江纵队和抗日自卫队在梅县地区的活动，得到了各阶层爱国民主人士和广大人民群众的支援，大大提高了中国共产党地方组织的威信，同时也培养造就了一批能领导群众进行革命斗争的骨干，为解放战争开展武装斗争打下了坚实的基础。

第四章
夺取梅城解放最后胜利

第一节 抗战胜利后的形势和党的方针

一、抗战胜利后的形势

1945 年 8 月 15 日，日本宣布无条件投降，中国人民经过 14 年的浴血奋战，终于赢得胜利。这使中国获得一个进行和平建设的有利时机，中国共产党主张团结一切爱国民主力量，把中国建设成为独立、民主、富强的新国家。但国民党统治集团则企图使中国恢复抗战前的社会秩序，也就是想恢复到继续处于半殖民地半封建社会。为了争取中国走向光明的前途，中国共产党领导人民同国民党统治集团展开复杂而激烈的斗争。中国革命由此进入一个新的历史时期——全国解放战争时期。

中国共产党在第七次全国代表大会上就提出建立一个独立、自由、民主、统一、富强的新中国主张，并且通过民主的联合政府的途径，实现建立新中国的目标，这些主张在全国得到广泛的响应。中国民主同盟于 1945 年 8 月 15 日发出《在抗战胜利声中的紧急呼吁》，主张"民主统一，和平建国"，表示坚决反对一切反民主的和制造分裂引起内战的行动。此后，三民主义同志联合会和中国国民党民主促进会、中国民主建国会、中国民主促进会、民主科学座谈会（不久后改称九三学社）、中国人民救国会、中华民族解放行动委员会（后改称为中国农工民主党）等民主党派和人民团体，也纷纷发出实现和平民主、反对内战独裁的呼吁。而国民党反动派完全不顾人民渴望和平的强烈愿望，在美帝国主义的援助下，拼命争夺抗战胜利成果，加紧策划内战，妄图一举消灭共产党和人民武装力量，侵占解放区，实现全国的反动统治。这样，抗战胜利后的中国人民和美帝国主义支援下的国民党反动派的矛盾，就迅速上升为国内主要的矛盾，中国面临着两种命运、两个前途的决战。

为维护人民的根本利益，1945 年 8 月 13 日，毛泽东在延安干部会议上所作的《抗日战争胜利后的时局和我们的方针》的报告，分析了抗战胜利后全国政治局势的发展，提出了建立新中国的战略任务，告诫共产党人和全国人民"必须清醒地看到，内战危险是十分严重的"。毛泽东总结了全国人民同帝国主义和国民党反动派长期斗争的丰富经验，指出中国共产党和全国人民同美蒋反动派的斗争方针必须是"针锋相对，寸土必争"。必须以革命的两手反对反革命的两手，即：一方面领导全国人民尽力争取和平；另一方面，对以蒋介石为代表的国民党反动派发动内战的阴谋有充分的认识，不抱幻想，不怕威胁，准备以革命的战争打败反革命战争。毛泽东报告中所指出的基本方针和斗争策略，使中国共

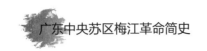

产党在复杂的环境中保持清醒的头脑，对反革命保持高度警惕，为动员全党保卫胜利果实和争取全国革命胜利做了精神准备。

在全面抗战时期，含梅江的梅县虽处于国民党统治区，但是在潮汕沦陷以后，港口被日本侵略军封锁，为数众多的侨属赖以生存的侨汇断绝，再加上1943年大旱灾带来大饥荒，老百姓被迫离乡背井，卖儿卖女，人民生活处在水深火热之中。抗战胜利后，梅县人民和全国人民一样，盼望和平民主，有一个安定的环境以休养生息。然而闽粤两省的国民党反动派，秉承蒋介石抢夺胜利果实、蓄谋发动内战、消灭共产党组织和人民武装力量的旨意，在广东的第六行政区，部署了保二总队和保五总队，其中一部分力量用来对付梅埔韩江纵队。1946年1月，国民党在梅县召开联防会议，由广东第六行政区专员兼保安司令周景臻、福建第三绥靖区指挥官陈余珊指挥，成立了闽粤边第一、第二两个联防指挥所，组织各级联防自卫队，强化保甲制度，建立情报网，企图消灭地方党组织和中国共产党所领导的活动在梅埔丰等地的韩江纵队。

二、执行分散隐蔽坚持斗争方针

为了粉碎国民党的军事进攻，中共闽粤赣边和梅埔地区党组织根据中共中央决定的在敌强我弱的情况下，采取坚持斗争，保存武装，保存干部，武装自卫的方针，利用梅埔丰边有阴那山、铜鼓嶂、九龙嶂等高山峻岭的有利条件，和地方党组织的密切配合，建立发展武装据点，开展武装斗争，求得生存和发展，挫败国民党闽粤边军事当局企图消灭地方党组织和梅埔韩江纵队的阴谋。

1945年10月，中共闽粤赣边特派员李碧山对梅州地区党组织与人民武装的分散发展和保存武装、保存干部工作做出新的部署。同月，中共闽粤赣中心县委决定中共梅县工委改为特派员负责制，陈明为特派员，杨扬、黄戈平为副特派员。11月，重新成立中共梅埔丰边县工委，根据中共闽粤赣中心县委的指示，开展生产转化，分散隐蔽，坚持斗争。一是向外部转化。用公开合法的社会关系和手续将一部分文化水平较高和教过书的同志分散安排到边县的乡村去教书，在学校建立党支部，以教师的身份出现，秘密开展党的政治工作，利用家访、办夜校、办读书会、搞文体活动等各种形式对学生、群众进行政治形势的宣传教育，团结当地进步教师和社会进步力量，同时做好上层统战工作；二是内部转化。边县委尽量安排一部分能到外部去工作的同志出外，留下的队员，依据山区主要据点编成组，安排参加生产劳动，分散隐蔽，坚持斗争。同时，对活动在该地区的梅埔韩纵第三、第四支队进行合并和整编，只保留20多名武装骨干，改编为梅埔丰边县工委武装工作队。

1945年12月上旬，成立中共梅蕉武埔边县工作委员会，恢

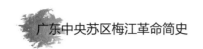

复原梅埔韩纵第一支队和王涛支队第二大队番号、建制。1946 年
1 月，决定在梅丰边的九龙嶂山区建立据点开展武装斗争。2 月初，
成立梅丰武工队。武工队在梅丰地区建立了二三十个秘密据点，
深入群众开展宣传党的方针政策，得到群众真诚的拥护，与群众
建立紧密关系，逐步打开局面。

第二节　恢复武装斗争

一、梅丰边的武装斗争

1946 年 6 月下旬，国民党反动派以围攻鄂豫边宣化店为中心的中原解放区为起点，相继在晋南、苏北、鲁西南、胶东、翼东、绥东、察南、热河、辽南等地，向解放区展开大规模的进攻，悍然发动了全面内战。中国人民在中国共产党的领导下，开展了用革命的战争反对反革命战争，坚决地同国民党反动派的军事进攻作针锋相对的斗争，从此，人民解放战争开始。

1947 年 2 月，中共梅县特派员廖伟、副特派员黄戈平根据解放战争形势的发展，为了进一步使梅丰地区恢复发展党组织，巩固原有的联络据点，组建畬江、丰北、梅西、梅南武工队，深入山区，准备开展游击战争。原中共附城区委书记陈华（林惠民）则到梅丰边去开辟据点。4 月中旬，在梅南猴村接头户罗双伯家里正式成立武工队，队长陈华，指导员张奎，财务丘碧瑾。5 月初丘碧瑾调走，另调叶芬接替丘碧瑾工作。梅丰武工队成立后，

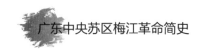

就在敌占区开辟游击据点，在打通铜鼓嶂的游击路线后，武工队的活动范围扩大到梅丰边两县的五六个乡、数十个村庄。协助当地群众积极开展反"三征"的基础上，帮助各村成立党支部。

1947年6月中旬，闽粤赣边工委主力粤东支队（7月18日粤东支队扩编为"闽粤赣边区人民解放军总队"）在刘永生、杨建昌的率领下，从铜鼓嶂转移到梅丰边的黄泥坜、杨梅隔、老隆坑、古祥栋、杞树坪、上中坑、泥溪等村建立游击基地。7月，为解决部队和上级机关的经费，梅丰边的丰北武工队和粤东支队决定突袭梅城，商请百花洲的富商陈富源配合支持革命。7月31日，部队在刘永生、杨建昌率领下，全体轻装，经清凉山的照壁下、邦公坑、嶂肚里、枫树坳，穿过小密村再沿小溪踏水前进，越过梅畲公路的小密桥，找到了黄戈平事先准备好的一条船。部队登上船，绕过长沙圩、大沙河唇、三角地等敌人据点，于8月1日的傍晚，到达梅城南门乌蓼沙，部队上岸后，在刘永生的率领下突进梅城百花洲，顺利地完成了商请富商陈富源支持革命的任务，于2日凌晨三点安全撤回至清凉山基地。不久，粤东支队主力转战梅埔丰边，留下几个人，在梅丰武工队和当地群众的协助下，设立留守处，直到10月上旬才撤销。从1947年7月到12月，粤东支队经常在梅丰地区开展武装斗争活动，动员这一地区的青年群众参军，到年底部队人员发展到至300多人。

1947年11月，粤东支队派出军事骨干若干人到梅兴丰华边，在原梅丰武工队基础上，组建梅兴丰华边人民游击队，队长何颖辉，副队长陈德念。

二、梅埔边的游击活动

1947 年 5 月，闽粤边区工委正式确立了先粤东后闽西南的战略方针，根据边区工委指示，粤东地委加强了各边县委领导，原梅埔丰边县委分为埔丰边、梅埔边两个县委，梅埔边县委成立后，迅即从武装工作队中抽调部分久经锻炼的党员、干部为骨干，深入党组织比较巩固的地区动员青年参加部队，接着于 1947 年 8 月 4 日成立梅埔人民游击队，任命张其耀为大队长，黎广可为政治委员，李健华为副政治委员兼政治部主任。梅埔人民游击队成立后，根据粤东地委的指示，立即开展了巩固老区、开辟新区的活动。1947 年 12 月，梅埔边县委决定开展丙村平原一带的游击斗争，成立平原游击队，宣布张忠平为平原游击队队长，陈杏秋为指导员，随后张忠平、陈杏秋率黄辉、廖锦、杨境等人进入丙村地区开展游击活动。

1948 年 2 月初，根据上级部署，梅埔人民游击队准备利用春节期间在三乡小都实行整编，为了防止敌人的进攻，边区工委王维指示丙村平原游击队火烧金盘桥，破坏沿河的电话线，以保证部队顺利地整编。为避免敌探怀疑和跟踪，平原游击队委托家在

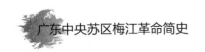

潮塘的群众李香中出面买了一桶煤油和一袋面粉，并做了战斗部署。2月5日张忠平率大部分游击队员前往金盘桥执行任务，布置好阻击敌人的阵地后，用煤油火烧了金盘桥，同时发动西阳乐潭坑、蓼子坝、马和村、塘坑、青草铺、双坑、下黄坑、申坑、渡背农会和民兵100多人积极配合陈志的游击小分队，破坏国民党政府的通讯线路设施，将西阳镇北联村蓼子坝起至梅县城郊全部电话线路剪除，有力地打击了国民党的反动政权，保证了春节期间部队在三乡顺利整编。

三、粤东支队出击白宫

粤东支队在梅埔边几次突袭战后，影响迅速扩大，当地革命青年纷纷报名加入，部队不断扩大。为了解决部队所需的武器枪支弹药和物资，粤东支队决定出击梅埔丰边的白宫圩镇。

1947年11月初，粤东支队在司令员刘永生的率领下提前进驻隐蔽在西阳的新田、泥溪、杞树坪一带，刘永生驻在新田村迪光庐。为保持联络，当地党组织在承康楼设一联络处。刘永生等则住在迪光庐的尾楼棚子。粤东支队进驻后得到当地党和群众的热情支持，吃住都安全妥善，连小孩子都配合工作。刘永生很喜欢小孩子，他专门选一个名叫阿乐拐（真名杨南发）的男孩，做他与联络处的送信人。由于阿乐拐聪明、机智，他先后多次送信到承康楼，都平安无事。刘永生与阿乐拐交往的事，后来成为一段生动的历史故事，在当地群众中传为佳话。

部队隐蔽后，刘永生首先派肖刚、曾克平前往白宫，找到时在白宫立本小学以教书作掩护的秘密交通站负责人李丹，要他调查了解白宫自卫队枪支弹药、炮楼内部情况及敌人的活动规律等。李丹接受任务后，即派在立本学校读书的共青团员钟耿秋，利用他母亲每天挑水进炮楼的机会，跟随母亲进炮楼去了解情况，侦察自卫队的人数和枪支数，以及每天三餐开饭时间、出操活动规律。与此同时，李丹又亲自联系好友林采祥（抗日战争期间加入党组织后未恢复组织活动的党员，时任阁公岭立本小学校长），动员他将存放在立本学校的 12 支步枪、2 箱子弹交给游击队使用，当即得到林采祥的支持。李丹又通过党员吴经德深入了解当地乡公所和附近敌情。通过一系列的侦察工作，李丹将掌握的白宫和其附近敌人情报，详细向粤东支队领导作了汇报。

11 月中旬一个白宫圩日，刘永生、杨建昌率粤东支队主力，依计突袭白宫圩。部队早晨从泥溪、杞树坪、新田出发，绕过西阳圩向白宫挺进，他们大部分化装成赴圩的群众，挑着山货向圩镇进发，小部队伍则部署在周边山上警戒，防备西阳及其他地方敌人的增援。粤东支队进到白宫后，分成几路：一路直扑白宫乡公所，收缴了自卫队的枪支弹药；一路直扑古逢昌的店铺；再一路则到立本小学接收存放在学校校长室中的十多支步枪。出击行

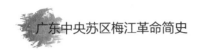

动很顺利，但在奔袭古逢昌店铺时，店主古质彬已外出，只好将他的儿子古康祥请入杞树坪，以谈判方式协助解决部队的经费。部队完成各方面的任务后，支队的宣传员在圩坪上发表演说，散发传单，宣传革命主张和当前全国革命胜利形势，号召大家行动起来，抗征、抗粮、抗税。这次袭击白宫，历时仅2个小时左右，便圆满完成了战斗任务。

第三节　反击国民党"清剿"

一、独三、独四大队在梅江的游击斗争

1947 年下半年以来，由于粤东地区武装斗争的迅速发展，特别是冬季攻势的胜利，震惊了国民党反动派。广州行辕主任兼广东省政府主席宋子文为了巩固统治，1948 年初起实行了战时体制，普遍建立"戡乱"机构，扩充保安队，增设县民众自卫总队，强化县保警力量，以对付日益发展的人民武装力量。1948 年 1 月下旬，国民党在广州成立闽粤边区"剿匪"总指挥部，不久移驻梅县松口镇，原第九战区中将参谋长涂思宗被委任为总指挥，专门负责对闽粤边人民武装力量的"清剿"。

3 月 15 日，涂思宗在大埔大麻召开大埔、梅县等六县军事会议，组织保十二团、保五团三营、保二营、保九营、广州行辕独立二团一营（方景韩营）、福建保三团和保二团一个营以及闽粤边各地的自卫总队、保警大队，对粤东地区实行"十字扫荡"，企图消灭闽粤边区总队粤东支队和各边县、区地方革命武装，摧毁游

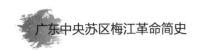
击根据地。

为粉碎国民党的"清剿""扫荡",粤东地区先后成立边县委和中国人民解放军闽粤赣边粤东支队独一至独十大队和海洋大队。其中在梅江区范围活动的有梅埔边独二大队、梅兴丰华边独三大队、梅兴平蕉边独四大队。

为了便于在以梅丰九龙嶂为中心的梅县、兴宁、丰顺、五华边界地区开展游击战争,粤东地委在1948年1月下旬在梅南猴砾罗屋成立梅兴丰华边县委。书记熊培,副书记肖刚,组织部部长叶芬(兼管妇女工作),宣传部部长杨山,执委姚安、陈华。梅兴丰华边县委辖区和活动范围包括梅县的畲江、径义、水车、荷泗、梅南、西阳、长沙、水白、东郊(其中,西阳、长沙、水白、东郊今属梅江区),兴宁的宋声、下堡、水口,丰顺的丰良、龙岗、黄金、大龙华,五华的郭田、坪上等地。方圆近百公里,人口约20万人。同时将梅兴丰华边县人民游击队改编为人民解放军闽粤赣边纵队粤东支队独立第三大队(即独三大队),大队长陈德念,政治委员熊培,副政治委员肖刚(后陈锦城)。独三大队先后建立了6个区委、4个区中队、1个税收队及6个武工队,边县武装600余人,另有武装民兵1000多人。

为便于部队隐蔽和开展游击斗争,梅兴丰华边县委和独三大队把长沙镇上罗村陈公坪鹿湖顶田屋作为常驻据点。梅兴丰华边县委自成立开始的近两年时间里,带领独三大队及各区武装进行大小战斗30余次,摧毁国民党区、乡公所,警察所和自卫队33

个，歼敌600多人。

1948年4月，独三大队抽调刘浪等20名骨干组成战斗小分队，在梅江水路的长沙罗衣石鼓大王至水车虎头潭一段与前来对货运船课税的及武装护航的国民党兵进行激烈战斗，全歼敌军，独三大队队员黄荣新、叶习忠在战斗中光荣牺牲。6月，马营一部和罗梓良自卫队袭击在长沙罗衣塔附近进行征粮的人民部队，独三大队获悉后得知迅速前往反击，在梅南的武装队伍配合下，独三大队在罗衣塔下与敌展开激战，敌军败退向新塘方向逃窜，被独四大队截获，击毙敌军排长以下4人，缴获长、短枪4支。

9月20日，独三大队和梅南区中队十多名伤员留在长沙埕石山区的火混棚疗伤，突遭敌保安团及罗梓良自卫队包围袭击，独三大队战士叶锦超英勇奋战，掩护伤员冲出包围，毙敌2人，叶锦超因弹尽牺牲，突围战斗的伤病员牺牲3人。28日，独三大队在陈公坪宿营，遭到保十二团第一营第二连、保警独九营1个连和罗梓良自卫队偷袭。哨兵发现后，独三大队登山反击，战斗两个多小时，副政治委员陈锦城在指挥战斗时中弹牺牲，独三大队战士罗亚松、钟亚欢也光荣牺牲。此役独三大队毙敌多人，打退了敌军的袭击。

1949年3月15日，为配合解放军南下，闽粤赣边纵计划扫荡长沙守敌，独三大队主攻长沙敌自卫队炮楼，大获全胜。接着进攻敌驻长沙永华楼的警察所，敌军闭门死守，独三大队决定施用火攻，敌军见状，开门投降，此役俘敌官兵30多人，缴枪30

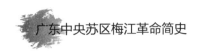

余支。驻在大同学校的黄连率领的保安十二团企图逃走，被边纵部队将其围攻击溃，边纵集中400多人包围长沙圩，全歼守敌。

成立于1948年1月的独四大队，大队长程严，政治委员黄戈平，副政治委员黄旋，政治处副主任彭炎兴（彭霖）。大队下设两个中队，一中队中队长张智，政治指导员叶寒生；二中队中队长郑凤书，政治指导员钟谷。此外，陆续建立分别有20至30人不等的3个区武装中队，在边县工委的直接领导下，连续胜利攻打大柘、坝头、石正、八尺等地后，声威大震。1948年4月6日，独四大队向外围挺进，开往南台山嶂肚里，由于内奸通敌，致使南台山战斗失利。大队长负伤被俘后牺牲，副政治委员负伤被俘。据此情况，粤东地委和粤东支队指示，大队化整为零，分散活动，一部到梅南由粤东地委编入独九大队，一部仍保留独四大队建制，由叶寒生负责。叶寒生带着剩下的40多人，以梅江区城北镇银营十二组圳面下的一座民居作为常驻据点，在梅西、梅北坚持斗争。独四大队在南台山战斗后，在二打瑶上乡公所、伏击左犁壁、曹屋反击、新塘战斗、收缴铅畲反动武装、攻打大坪、葛藤窝战斗中，均能认真吸取失利的教训，分散发动群众，集中打击敌人，使游击基地得到巩固发展，武装力量得到保存壮大，为梅兴平蕉边区的解放创造了条件和作出了重要贡献。

二、银嶂武工队在西阳白宫的游击活动

1948 年 2 月，梅埔边独二大队、梅兴丰华边独三大队成立的同时，为了巩固和加强对边县各游击根据地的领导与建设，按地理区域和开展革命活动的条件，宣布组建了边县范围各区乡武装工作队，银嶂武装工作队、丰北区中队、第九武装工作队就在此时相继成立。银嶂武工队队长黄仁，副队长黄法训，指导员廖政；丰北区中队中队长张耀洪，副中队长张进来，指导员陈华，副指导员丘璋；第九武工队队长杨山，副队长温再生，指导员侯海英。

银嶂武工队所辖大埔银江镇内乡和西阳白宫的明山、嶂下、鲤溪、甲溪、岗下一条水地方，以溪为界。银嶂武工队成立后，主要的任务是招募人员、筹措资金装备开展反"三征"。在嶂下，首先根据县委的指示帮助群众解决年关的吃饭问题，开展年关斗争。中和战斗后，国民党反动派虽然不敢直接来嶂下收税和征兵，但群众生活还有很大问题。为了提高群众的斗志和解决他们的实际困难。这是银嶂武工队发动群众的起点。

为了防止国民党反动派对游击根据地的进攻，武工队指导明山嶂下群众成立农会和民兵组织，加强自卫力量。随着武工队和民兵队伍的不断扩大，枪支弹药紧缺。为了解决这一问题，武工队决定向平原发展，在平原开展游击活动的同时收缴民枪。武工队首先在鲤溪的十多个自然村建立了游击据点，号召广大民众起来开展反"三征"，和开展减租减息运动，同国民党作坚决的斗

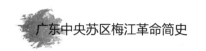
争，动员群众主动向武工队交出村民用于自卫的武器枪支。接着在太平村、新联村和岗子上村，直接到乡保长家宣传党的政策，收缴乡丁枪支，并在白宫平原建立了20多个联络据点，为之后在平原开展武装斗争打好基础。

三、第九武工队在梅江的活动

1948年1月，中共粤东地委召开了第二次执委扩大会议，总结了在粤东地区开展武装斗争以来的成绩和经验，并做出了新的部署，决定"开展平原游击战斗争，把斗争扩大到全粤东，构成对敌人全面包围的态势"。地委决定成立粤东支队第九武工队（下称"九武"），在梅江平原地区开展武装斗争。队长由原梅兴丰华边县委宣传部部长杨山担任，指导员侯海英，军事骨干有杨万生（原独立大队短枪班班长）、钟达志、邹德华、钟继彬。

九武成立后，首先把清凉山区的秀村、黄竹塘、三家畲、高观音、青草湖、紫树坳、花树下、豺狗洞、猪麻坑等作为集训、休整的后方基地，然后逐步向平原发展开辟据点。九武为了在平原地区扎根，通过泮坑村妇女党员古彩英、肖美玲等在泮坑选定"文旺庐"作为武工队常驻地，将武工队队员分成河东和水白两个武装工作队，以梅江河为界，河东组成城东武工队，队长温再生，负责在城东一带开辟据点；河南组成水白武工队，李理章任队长，侯海英为指导员，负责在城南（水白）地区开辟游击据点，进而威胁梅城敌人。第九武工队在开辟据点、建立游击根据地过程中，始终严守"三大纪律，八项注意"，教育与约束队员要以群众利益为重，不论到哪里，在谁家吃宿，都应支付伙食费，要向群众说明来意和进行革命的目的，宣传解放战争形势，动员他们支援解放战争。通过几个月的努力，九武在城东和城南地区，开辟了一大片游击据点、联络点与联系户、堡垒户，如泮坑党小组古彩英、肖美玲、王英秀以及党领导的青年读书会"寒星社"的社员陈达我、熊耀达、熊泮洋、熊素玉、熊经定；与熊英、熊文、熊媛、熊锦英、熊素娥等地方党员的家属建立了联系，在古彩英、熊带深、熊松梅等住处建立了通信联络交通站；在上坪村李伦华、熊权昌夫妇、陈达新夫妇住家，建立了翻印宣传品的据点；在坊林党员张挺、刘解珍、张锦章与典伯姆、细城伯姆、尚叔婆、欣姆等住家建立关系户；在城东芹黄杨志渊（党员）、张波、瑞姑等住家，在龙丰党员李剑峰、李满禧、钟畏光、李理章等住家，在肩一党员张体康、张炎宗、张廷兴、温发兴及张梅荣、张石磷、张富贤等住家建立武工队联络点。在此基础上，又开辟了花萼居、黎园、杨屋排、梅树下、兰塘、三坑里、周溪、谢示里、东岩背、洋排坑、高涧、三名、周湖、潮塘、角枫岭、申渡、下黄坑等游击据点。从而形成了由清凉山到泮坑、坊龙坪、马鞍山、梅城、城东、潮塘、角枫岭、申渡、下黄坑等一大片游击区。

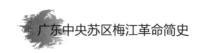
此外，为了便于武工队在平原地区开展武装斗争活动，武工队及地方党员积极开展统战工作，争取国民党区乡保甲基层政权"为我所用"。武工队采取直接登门或由革命群众引见的方式，对其表明来意，向他们宣传党的统战政策，宣传解放战争的形势，忠告他们不要为国民党反动派卖命，希望他们站到革命人民一边，放弃反动立场，同共产党合作，支持共产党领导的人民解放战争。并与其"约法三章"：一、不得干涉和暴露革命队伍和革命群众的活动与秘密；二、保护群众利益，维护社会秩序，反对"三征"和敲诈勒索群众；三、提供关于反动派党、政、军、警、宪、特的活动情况和情报，为革命为人民立功。只要他们遵守执行，可以保证他们本人和家属的生命财产安全，否则后果自负。经过面对面的教育，武工队争取了一批乡、保长，他们在解放战争中积极靠拢人民，为武工队的行动提供方便。1949年5月，第九武工队由杨山带领奉命进驻梅城参加和平解放接收工作。

四、潮塘武工队在西阳的活动

1948年2月，为了进一步发动潮塘地区的武装斗争活动，梅埔边县委决定成立潮塘武工队，任命李香中为队长，林照生为副队长。潮塘武工队在发展壮大队伍的同时，进一步巩固了潮塘、北联、塘青、双黄、申渡的农会和民兵组织，并与各乡、保长见面，向他们宣传党的方针政策。武工队在协助农会、民兵队开展反"三征"工作同时，还负责对梅江流域西阳河段实施控制，在西阳镇北联村蓼子坝渡口设立武装警戒，封锁国民党的军运，同时对来往商船征税，为革命部队提供军需。

第四节　解放梅城

一、加强党政武装建设

国民党反动派对梅埔丰边、梅兴丰华边的"围剿"和"扫荡"失败后，原"剿总"副总指挥、军统特务喻英奇接替了涂思宗的总指挥职务，并将"剿总"指挥部由梅县松口镇迁往潮州。留驻粤东的敌人只占据着几座县城和较大的乡镇据点。广大乡村和公路、江河、交通运输均已被党领导下的人民武装控制，区乡保甲制度、"三征"基本废除，敌人处于被分割、被包围状态，整个斗争形势十分有利。

1948年9月，随着斗争形势发展的需要，根据粤东地委的决定，中共梅埔边县委和埔丰边县委合并，成立中共梅埔丰县委，任命何勇为为书记，刘健、黎广可、张其耀为副书记，组织部部长刘健（兼）、副部长邓檀祥，宣传部部长杨扬，副部长杨林，县委执委有张铁成、陈坚、林燕、姚明、张华京、杨联兴、古克、张光、余坚。接着又成立了梅县人民政府，张其耀任县长。独一、独二大队组建成边纵一支队四团后，11月另成立了海洋大队，大队长张其耀、政治委员何勇为。

10月间，梅兴丰华边县委领导也作了相应调整，常委有姚安、陈学、杨山、叶芬，执委有陈德念（陈光）、叶明章、陈华、李海，后又增丘璋、熊长生、李理章、陈运章。边县委书记姚安，副书记陈学，组织部部长杨山，宣传部部长叶芬（1949年3月后陈华接任），妇女部部长叶芬（兼）。

梅埔丰县委和梅兴丰华边县委为进一步加强所辖下各地的党政领导机构，同年9月丰北区委调整了区级领导，书记丘璋、组织委员彭荃、宣传委员李新华。原隶属于梅州地委和粤东支队领导的第九武工队划归梅兴丰华边县委领导，该队一部分仍然坚持在原来的活动范围开展武装斗争，李理章为队长，侯海英为指导员。根据梅兴丰华边县委的指示，为了加强党在这一地区的领导，发展了杨万生、钟继彬、梁森发、梁李达、熊为群、熊志华、李伦华、钟绮、张和昌为中共党员。选出了李理章等7人为支部委员。同年9月，中共河东区委成立，范伟青为书记，为了进一步在潮塘、北联、塘青、双黄、申渡等地开展武装斗争工作，在成立中共河东区委的同时，第九武工队抽出部分人员充实潮塘武装工作队，温再生任队长，从而使潮塘的武装斗争工作得到了加强。

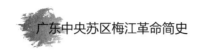

二、梅城和平解放

1949 年 4 月 21 日，中国人民解放军强渡长江，于 23 日解放南京。1949 年 5 月 2 日，闽粤赣边纵队发布《中国人民解放军闽粤赣边纵队司令部命令》，派出本部及本军所属部队代表，与各地国民党军政人员进行和平谈判，命令他们立即停止征兵、征粮、征税，保管好文件档案和一切军用物资，听候人民解放军接收。由于此前国民党驻闽粤赣边的部队、军警受到边区人民武装的沉重打击，驻梅城的国民党广东省保十二团看到蒋介石政权即将土崩瓦解，遂决定投靠共产党，并与共产党进行多次秘密接触，准备起义。

5 月 17 日下午，国民党梅县县长张君燮集中城内各机关、团体负责人和职员到县府礼堂，由保十二团团长魏汉新宣布，自即日起脱离国民党政府，实行和平起义，接受中国共产党领导，同时命令所有武装开到东较场放下武器。梅州地委获悉保十二团宣布起义的情况后，为防不测，立即采取措施，命令第一支队第二团、第四团马上进驻梅城北郊要地曾龙岎，独三大队进驻梅城南郊圹林坪，已起义的保独一营进驻梅城东较场，同时指示各县独立大队、武工队和民兵，全面收缴国民党区、乡公所和自卫队的枪支，接管区、乡政权，形成对梅城包围之势。保十二团和张君燮宣布起义后，派民主人士杨凡与中共梅州地方组织联系，闽粤赣边区党委常委、组织部部长王维立即约见张君燮等人，在白宫喜庐进行接管梅城事宜的谈判。5月22日，第一支队独立营和独三大队部分队伍及有关人员进驻梅城。梅城宣告解放。

三、截击窜梅的胡琏残军

梅城和平解放不久，国民党胡琏在人民解放军南下部队的追击下，率残部向南逃窜。当时梅县各地兵力分散，边纵主力在潮汕作战，第一支队北上接管武平，一时不易调回，梅城内只有第五团一团的兵力。1949年7月4日，为了巧妙截击胡琏残军，梅县县委召集梅城各机关单位开会，紧急动员，做暂时撤离的准备。华南分局、边区党委、华南文工团、梅州公学、区党委财经训练班、大众报社、人民报社的大部分人员当日下午和晚上撤离、疏散，地委机关后勤人员由组织部部长何勇为率领向白渡、嵩山、高思方向疏散，留下地委书记廖伟和宣传部部长谢毕真协助梅县县委部署打击敌人，最后撤退。5日，廖伟赶到兴宁与县委研究部署阻击敌人和做好撤退准备，下午回到地委驻地程江桥背的"济园"，晚上与梅县县委通电话，要求独立五团明早开赴曾龙岃设伏打击敌人。6日早，胡琏残军便衣秘密进抵城郊，尚未发觉。谢毕真与廖伟骑自行车赶到梅县县委召开紧急会议，县委书记刘健、副书记杨扬和独立五团政治委员陈学、团长陈德念参加了会议，经研究部署，要求部队立即开往城北阻击敌人。会议刚结束，上午9时左右，传来街头上有特务捣乱的消息，城西北响起重机枪声，谢毕真、刘健、杨扬及县警卫班准备撤退，刚从小巷走到义化路口，今梅江区政府门口响起密集的枪声。独立五团正要上车开往城北，发现化装的敌人先头部队已到政府门口，即在陈德念和陈学的指挥下，与敌人展开了激战。敌人几次冲过来，都被英勇的独立五团打退，使县委机关工作人员和警卫班及县政府部分人员安全撤离并通过梅江桥。

谢毕真和县委人员撤到水白后，杨山立即召开水白区政府会议，研究决定将水白区政府工作人员分组，一组化装进城打听情况，遇到被冲散撤出的干部和战士，通知其立即到泮坑集中待命；一组设法与从程江桥背撤退的廖伟联系。午前派出去的人员回来后，得悉梅城已被胡琏残军占据，独立五团由陈学、陈德念率领向东较场、张家围方向撤退，和平解放一个多月的梅城暂被胡琏残军侵占。午后，廖伟带着从潮梅人民行政委员会撤回的警卫排200多人经乖子渡到达水白，当晚宿泮坑。地、县委负责人召开紧急会议，主要讨论队伍撤出后的行动方向和驻地的安全问题。7月7日，县委全体机关工作人员撤到清凉山秀村。8日晚，由廖伟主持，谢毕真、刘健、杨山、杨扬等梅州地委、梅县县委领导人在秀村召开会议，研究撤出梅城返回山区后的工作。为更有效地打击敌人，中共梅州地委决定，保留各县建制，恢复战时各边县领导体系，以便独立自主组织发动广大军民开展抗击胡琏残军的游击战争。梅县党政机关干部兵分两路：一路到梅埔丰边，县委机关设在梅埔丰，由县委书记刘健和杨扬等负责；一路在梅兴丰华边，设立中共梅县县委梅南分委，由杨山任分委书记，陈华、陈学、叶明章等负责工作。

梅城被胡琏残军侵占后，中共梅县县委（含梅江区）梅南分委所属人员在西阳镇秀村住了两天后，决定把队伍拉到长沙镇樟坑休整，从城东撤出的人员以及陈学、陈德念率领的队伍陆续来到樟坑集中。根据秀村会议精神，梅南分委结合实际，以原各区政府干部为基础，组成"政武合一"的武工队，既是基层政权，又是武装游击队，分散活动，就地坚持斗争，见机打击敌人。分委机关和交通站设在长沙镇呈石村，县委分工：由陈华负责指导丰北、西阳区工作，叶明章负责梅南、荷泗大区工作，陈学负责独立五团军事工作兼畲坑区工作，杨山留驻分委机关负责全面工作兼管水白区工作。胡琏残军窜扰梅县期间，将地方反动势力和土匪纠集起来，拼凑了所谓"陆军第二预备军团"，柯远芬任军团长。同时还恢复了各级伪政权，柯远芬兼任九区专员和梅县县长，将梅县重新划分为8个区，每个区驻兵1个营，区长由营长以上军官担任。胡琏残军训练保安营和后备大队，强拉壮丁，烧杀抢掠，奸淫妇女。据不完全统计，在胡琏残军窜扰梅县两个多月期间，在全县强征壮丁和挑夫数百名、汽车50多辆、民船一批，抢大米近2000石、光洋数万元、港币及其他贵重物资一大批，掠夺家禽牲畜、蔬菜等生活必需品不计其数。

面对敌人的暂时的军事优势和疯狂掠夺，梅县广大军民在县

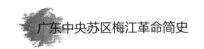

委、县政府的领导下，密切配合边纵主力和第一支队，积极开展游击战争，袭扰敌人驻地，镇压与敌人接头的反动分子，捕捉敌人的侦察和后方人员，消灭敌人抓丁抢粮的队伍，有力地反击了敌人。

1949年8月下旬，窜占梅城的胡琏残军，害怕被南下解放大军歼灭，逐步南撤，其殿后部队向松口、畲坑集结，梅城一时成了空城。梅南分委决定把机关迁到罗衣，先派水白武工队进城侦察情况，洞悉敌情后，水白武工队在三角地突袭胡琏后续部队，独立五团和梅南武工队在新陂嶂下沿南坑路上截击逃跑的敌兵，给予狠狠的打击。其中有一小股敌兵溃退至西阳北联村渡口时，遭武工队打击后逃窜到西阳圩圣母宫，西阳区委获得情报后，配合边二团夜袭圣母宫，投掷十多颗手榴弹，炸得敌兵星夜逃窜。8月下旬，梅州地委通知梅县县委做进城准备，地委机关于9月2日下午从桃尧黄沙迁回梅城。9月6日，梅埔丰边的县委机关与梅南分委机关人员在梅城汇合，县委机关驻城东张家围，后搬进法院旧址。县委重返梅城后，在县政府会议室召开第一次县委会议，会议由书记刘健主持，参加会议的有王志安、杨山、陈华、杨扬、陈学、叶明章、范伟青、杨林等人，地委组织部部长何勇为莅临指导。会议主要内容是研究组织群众支援边纵追歼畲坑、松口之敌和解放潮汕等问题，县委根据地委的要求，在粮食、交通车辆（包括自行车）等给予解放潮汕的部队支援。

县委机关重返梅城后，梅城成为梅县县委、县政府所在地，人民从此当家作主，向建设中华人民共和国的伟大征程迈进。

后　记

　　《广东中央苏区梅江革命简史》一书，是梅江苏区历史的专题党史资料，为今后梅江区夯实"诗画梅江"红色底蕴提供坚实史料支撑。

　　《广东中央苏区梅江革命简史》撰写小组秉承真实还原梅江苏区革命历史的原则，以《中国共产党梅县地方史》（第一卷）为基础，参考《中央苏区县——梅江区资料汇编》《浩浩梅江》《梅州市梅江区志》《泮坑风云》《梅江区西阳白宫革命史》《中共梅县党史大事记汇编》《梅州独立大队史汇编》等资料文献。全书以梅江地方党组织从萌芽到发展壮大的曲折斗争历程为脉络，以发生在梅江辖区的重要革命历史事件为重点，叙述了大革命时期、土地革命战争时期、全民族抗日战争时期、解放战争时期梅江地方党组织坚持贯彻上级党组织的指示精神，带领梅江人民群众艰苦奋斗的历史。

　　《广东中央苏区梅江革命简史》由梅江区史志办江文秀、曾君玲、林雅荣撰写初稿，中共广东省委党史研究室、梅州市委党史研究室审核定稿。由于梅江区 1988 年才从原梅县分出，所掌握的历史资料不够全面，加上编者水平有限，难免有错漏之处，敬望广大读者斧正。

编　者

2021 年 3 月